Marcus Llanque

Geschichte der politischen Ideen

Von der Antike bis zur Gegenwart

Verlag C.H.Beck

Originalausgabe

Satz, Druck u. Bindung: Druckerei C.H.Beck, Nördlingen
Umschlagabbildungen: Platon: © akg-images; Arendt:
© ullstein bild – Heritage Images/Jewish Chronicle; Marx:
© akg-images; Machiavelli: © Bridgeman Art Library
Umschlagentwurf: Uwe Göbel, München
Printed in Germany
ISBN 978 3 406 63846 6

www.beck.de

Inhalt

Einleitung

Politische Ideengeschichte ist die Bezeichnung sowohl für eine wissenschaftliche Disziplin wie für ihren Gegenstand, der Entstehung und Vielfalt politischer Theorien seit der griechischen Antike. Diese Theorien haben Autoren vor dem Hintergrund intensiver Debatten und Diskussionen entwickelt, aus welchen sie ihre Themen und Problemstellungen bezogen und auf die sie mit ihren Texten einzuwirken versuchten. Auch die Interpretation dieser Theorien findet vor dem Hintergrund solcher Debatten statt. Das Interesse der Interpreten an mitunter jahrtausendealten Texten beruht auf dem Problembewusstsein, das sie mit dem interpretierten Text verbindet: Was ist Macht? Was bedeutet Gerechtigkeit in der Politik? Wer soll wen regieren? Die Politische Ideengeschichte besteht also aus einem Kontinuum von Theoriedebatten, in dem Texte politischer Theoretiker und ihrer Interpreten versammelt sind. Diese wiederum formieren sich in Diskursen und bewegen sich in spezifischen ideenpolitischen Konstellationen. Solche Konstellationen sind bestimmt durch politische Ereignisse (wie Krisen oder Kriege) oder durch Erwartungen und Hoffnungen (auf Frieden oder Gerechtigkeit).

Die Politische Ideengeschichte als wissenschaftliche Disziplin rekonstruiert die entsprechenden Debatten und kontextualisiert die Texte durch ihre Einbettung in die entsprechenden Diskurse. Ein solcher Diskurs kann das Gesamtwerk eines einzelnen Autors sein: Welche Fragen seiner Lehrer und Vorbilder hat er aufgenommen, welche Fragen seiner Zeit versucht er zu beantworten? Wie hat sich sein Denken entwickelt, wie ist es seinerseits rezipiert worden, von Zeitgenossen und späteren Diskursen? Die Interpretation von Texten im Lichte ihres Urhebers, des Autors oder der Autorin, ist ein sofort einsichtiger und ganz traditioneller Vorgang. Die Häufigkeit einer solchen Thematisierung macht einen Autor zu einem «Klassiker» und dies ist eines der Auswahlkriterien gewesen für die Frage, welche Texte welcher Autoren in diesem Band vorgestellt und diskutiert werden. Auch Klassiker reagieren mit ihren Texten auf politische Ereignisse und wollen bestimmte Probleme lösen. Vor allem stehen sie in Konkurrenz zu anderen Theorien.

Texte müssen also diskursiv eingebettet werden, einerseits in die Menge an Texten, auf die sie Bezug nehmen, andererseits in darüber hinaus reichende Problemstellungen, die das ideengeschichtliche Kontinuum oft bis in unsere Gegenwart hinein durchziehen. Der Vorgang der Einbettung hat zwei Seiten, die man das Archiv der Politischen Ideengeschichte und ihr Arsenal nennen kann.

Fragen der Demokratie beispielsweise beschäftigten Autoren der griechischen Antike. Nun kann man einwenden, dass die moderne Demokratie aufgrund des Wandels der Gesellschaftsstrukturen kaum mehr mit der griechischen Demokratie vergleichbar sei. Aber das hat nichts daran geändert, dass mit der Idee der Demokratie weiterhin die Forderung einer möglichst weitreichenden Partizipation verknüpft ist, deren Bedingungen der Möglichkeit von jenen antiken Autoren besonders intensiv diskutiert wurden, die sie selbst in Augenschein nehmen konnten, mit all ihren Vor- und Nachteilen. Die Archivierung der Vielfalt politischer Theoriearbeit ist insofern ein wesentlicher Beitrag der Disziplin der Politischen Ideengeschichte, da auf diese Weise theoretische und praktische Potentiale von Ideen wie «Demokratie» und Begriffen wie «Macht» in Erinnerung gerufen werden, die sonst in Vergessenheit geraten.

Die Archivierung bewahrt also die theoretischen Potentiale der Ideengeschichte ungeachtet der Frage, wie nahe, aktuell oder verwandt sie mit der Gegenwart sind. Sie stellt damit eine gewaltige Vielfalt an Theorieleistungen zur Verfügung, liefert aber bereits Schemata der Interpretation, denn sie muss diese Vielfalt gruppieren und klassifizieren. Das kann ein relativ harmloser zeitlicher Bezug zu einer bestimmten Epoche sein, es kann aber auch eine Einordnung in diachrone Diskurse sein, in die bereits Ergebnisse der inhaltlichen Interpretation einfließen können. Gehören die Texte von John Locke beispielsweise zum

Diachronie: Darstellung der geschichtlichen Entwicklung einer Sprache

«Liberalismus» und was bedeutet es für die weitere Interpretation, wenn man sie von vornherein im Lichte dieses Schemas zur Kenntnis nimmt und nicht des Schemas «Republikanismus»? Welche Textstellen gelten als repräsentativ, welche können vernachlässigt werden und welche müssen intensiver interpretiert werden in der Annahme, sie gäben dem modernen Interpreten darüber Aufschluss, was Liberalismus ist?

Die Archivierung bereitet einerseits also Interpretationen vor, verhindert aber andererseits, in Kenntnis der weitverzweigten Interpretationsgeschichte, vorschnelle Interpretationen. Dadurch bildet sie ein kritisches Korrektiv, und zwar zur Arsenal-Funktion der Politischen Ideengeschichte. Der Gegenstand der Ideengeschichte gleicht einem Arsenal an Argumenten und Modellen, derer sich die Politische Theorie bedient, um ihre Gegenwarts- und Zukunftsfragen zu klären. Das zeigt sich heute etwa an der Diskussion des Kosmopolitismus, die im letzten Kapitel gestreift wird. Im Arsenal ist der Zugriff auf das ideengeschichtliche Textmaterial höchst selektiv. Wenn zum Beispiel ein erheblicher Teil der Theorie der Internationalen Beziehungen heute mit der Konstruktion der sog. «westfälischen Staatenwelt» operiert, in welcher die nationalstaatliche Souveränität im Mittelpunkt steht, so wird meist Thomas Hobbes als wichtigster Referenzautor herangezogen. Mit der Widerlegung des Souveränitätsbegriffs von Hobbes steht und fällt die Legitimation der westfälischen Staatenwelt heute. Wer erfolgreich die Legitimität des Nationalstaates in Zweifel ziehen kann, eröffnet Bahnen für die Legitimation einer inter-, post-, trans- oder suprastaatlichen politischen Ordnung. Hierbei werden aber oft andere Theorien der Souveränität vor (Jean Bodin) und nach Hobbes (Jean-Jacques Rousseau) ignoriert. Solche verkürzenden Interpretationen sind ein ganz gewöhnlicher Vorgang, den Bodin, Hobbes oder Rousseau ihrerseits vornahmen. Man muss sich nur darüber im Klaren sein, dass hier die Ideengeschichte als Arsenal benutzt wird, um sich im gegenwärtigen Meinungsstreit mit Argumenten zu rüsten.

Das bedeutet nicht, dass jede Interpretation genauso plausibel ist und am Ende die Prüfung der Argumente völlig gleichgültig wäre. Das Archiv der Ideengeschichte kennt eine nicht enden wollende Fülle an Interpretationen, von denen sich bei weitem nur der kleinste Teil durchgesetzt hat, also durch anhaltende Rezeption einen eigenen Diskurs begründete. Die Plausibilität von Interpretationen hat etwas zu tun mit geteilten Rationalitätsmaßstäben und geteiltem Problembewusstsein, vor dessen Hintergrund Autoren die Richtigkeit oder Wahrscheinlichkeit von Argumenten einschätzen. Solche Rahmenbedingungen kann man erkennen und damit die Plausibilitätswahrscheinlichkeit ermessen.

Das führt zu dem letzten Aspekt der Arsenal-Funktion der Politischen Ideengeschichte. Das Textmaterial der Ideengeschichte stellt nicht nur ein Kontinuum dar, dieses ist selbst Gegenstand der Interpretation. Jede Argumentation, beispielsweise über die Zeitgemäßheit oder Modernität politischen Denkens, stellt nicht nur dessen spezifische Merkmale heraus, sie verschafft ihm eine besondere Legitimation und kann so andere Merkmale als unmodern oder vormodern abqualifizieren.

Politische Ideen sind also keine historischen Relikte, sie dienen dazu, dem Menschen inmitten der unüberschaubaren Fülle möglicher Auslegungen des Selbstverständnisses und der daran sinnvoll anschließenden Handlungsweisen eine gewisse Orientierung zu vermitteln. Solche vereinfachenden Gesamtinterpretationen des ideengeschichtlichen Kontinuums können viele wissenschaftliche Einwände aushalten (etwa seitens der Archiv-Funktion der Politischen Ideengeschichte) und behalten doch ihre soziale Wirksamkeit, so lange es ihnen gelingt, kollektives Verhalten zu koordinieren. Die «Geschichte» der Politischen Ideengeschichte gleicht einem anhaltenden Meinungskampf um die Legitimation von politischen Strukturen der Gegenwart und ihrem Fortbestand in der Zukunft.

Die diskursive Einbettung von Texten ist ein Ansatz in der Politischen Ideengeschichte (Llanque 2008), der verschiedene etablierte Ansätze in sich aufnimmt. Die sogenannte Cambridge School folgt der im angelsächsischen Wissenschaftsraum weit verbreiteten Sprachphilosophie Ludwig Wittgensteins, wonach Sprache eine Form des Handelns ist und ihr Inhalt sich aus ihrem konkreten Gebrauch ergibt. Daraus hat Quentin Skinner den Schluss gezogen, dass Texte der politischen Theorie vor allem als Interventionen von Theoretikern in zeitgenössische (synchrone) Diskurse zu verstehen sind. Die Leitfrage der ideengeschichtlichen Forschung ist dann, was die beherrschenden Probleme einer bestimmten Zeit sind, worauf Autoren dieser Zeit mit ihren Theorien eine Antwort zu geben trachten (Tully 1988). J. G. A. Pocock hat ein noch darüber hinaus gehendes Verständnis von Diskursen entwickelt. Für ihn ordnet sich der Sprachgebrauch zu einer ganzen politischen Sprache (Liberalismus, Republikanismus), die einen zeitübergreifenden (diachronen) Diskurs formt: Hier ermittelt sich die Semantik der Worte aus der Grammatik der Sprache, in welcher sie benutzt werden (Pocock 1971).

Die Begriffsgeschichte geht hingegen nur von diachronen Diskursen aus, die anhand einzelner Begriffe geordnet sind. Aus dem Wandel des inhaltlichen Verständnisses der Begriffe werden Rückschlüsse auf den Wandel politischer und sozialer Strukturen gezogen, die sich auf den Sprachgebrauch auswirken (Koselleck 1979). Besonderes Augenmerk wird hier auf die «Sattelzeit» gelegt, eine Periode, die um die Zeit der Französischen Revolution datiert und den Umbruch von der Neuzeit zur Moderne markiert.

Folgt die Cambridge School dem Sprachverständnis Wittgensteins, so die französische Postmoderne mit ihrem Ansatz der ideengeschichtlichen Genealogie dem Sprachverständnis Ferdinand de Saussures. Demnach ist die gesprochene Rede von der strukturierenden Funktion der Sprache zu unterscheiden. Von hier ist es kein weiter Weg zur Annahme, soziale Wirklichkeit sei durch Sprache konstituiert. Michel Foucault parallelisiert auf dieser Grundlage die Ordnung der Gesellschaft mit den Regeln des Diskurses. Die Regeln des Diskurses prägen das Sagbare und Unsagbare indem sie bestimmen, was als wirklich und normal zu gelten hat. Politische Ideengeschichte ist hier der Spiegel von Wissensformationen. Foucault hat dies auf die Genealogie der Moderne angewandt, um das Aufkommen einer grundsätzlichen Beherrschbarkeit des Menschen durch die Festlegung grundlegender Parameter des Lebens (Biopolitik) zu erhellen, die erst moderne Verwaltung und staatliche Wohlfahrtspolitik ermöglichten und so die Varianz der Lebensführung stark einschränkten. Mit Foucault erhält die ideenpolitische Funktion von Ideengeschichte ein besondere Bedeutung (Foucault 2004).

Unterschiedliche ideengeschichtliche Ansätzen nehmen das ideengeschichtliche Material unterschiedlich in den Blick und wollen damit unterschiedliche Dinge beweisen. In diesem Buch geht es zunächst darum, den Vorgang der Theoriebildung im Kontext der Entstehungszeit darzustellen und Hinweise für ihre Relevanz für die gegenwärtige Theoriebildung zu geben. Das ideengeschichtliche Material ist nach Autorenpaaren organisiert, die entweder unmittelbar aufeinander Bezug nehmen, einander kritisieren und voneinander abweichende Theorien aufstellen oder aber die Bandbreite der Theoriearbeit einer Epoche repräsentieren. Kein Autor war alleiniger Repräsentant einer Epoche, jede Theorie kannte Alternativen. Gerade aus der Einsicht fortwährender Konkurrenz von Theorien erwächst der größte Gewinn der Ideengeschichte für das politische Denken heute: Vertraute politische Begriffe können im Lichte möglicher alternativer Interpretationen ständig infrage gestellt werden, was die Urteilskraft schärft.

Zur Erleichterung des Auffindens der erwähnten Textstellen werden die Haupttexte der Politischen Ideengeschichte in der Regel nach Buch (römische Ziffer) und Kapitel (arabische Ziffer) zitiert (s. a. Abschnitt Literatur).

I. Platon, Aristoteles und die antike Demokratie

Es ist anzunehmen, dass der Mensch seit seinen frühesten Tagen lernte, politisch zu denken. Die Überlegung, dass man sich gegen Neigung und trotz Freiheitsdrang in ein Herrschaftsverhältnis fügt, um Schutz zu finden oder Güter zu erringen, derer man alleine nicht habhaft wird, gehört zur Kultivierung des Lebensraums von Anbeginn. Die ältesten Schriftzeugnisse lassen sich daraufhin befragen, welches politische Denken das Handeln der Menschen prägte. Die ägyptische Kultur oder die ältesten Textschichten der Bibel sind voll mit politischen Ereignissen und dokumentieren politische Praxis. Hier wie in der griechischen «Ilias» finden wir auch die ersten Spuren der theoretischen Reflexion politischen Denkens. Doch ein regelrechter Diskurs über das Wesen des Politischen, die Bedingungen seiner Möglichkeit, die Vielfalt individuellen Handelns und die institutionelle Verstetigung kollektiven Handelns lässt sich erst im Zusammenhang der athenischen Demokratie beobachten.

Athen besaß die größte Bevölkerung der griechischen Stadtstaaten im 5. vorchristlichen Jahrhundert. Es gebot über ausgedehnte Territorien, war die vorherrschende Seemacht und eines der kulturellen Zentren des Hellenentums. Als führendes Mitglied des attisch-delischen Seebundes, der ursprünglich zur Abwehr der persischen Bedrohung gegründet worden war, verfügte Athen nicht zuletzt durch die Tributzahlungen der übrigen Bündnismitglieder über erhebliche finanzielle Mittel, die auch für kulturelle Prestigeprojekte verwendet wurden, was wiederum zahlreiche Künstler und Wissenschaftler anlockte.

Im Zuge einer sich über Jahrhunderte erstreckenden politischen Entwicklung hatte sich Athen von einer klassischen Monarchie in eine Demokratie verwandelt, in welcher fast alle öffentlichen Fragen unter Beteiligung eines vergleichsweise sehr hohen Anteils der Bevölkerung diskutiert und entschieden wurden. Aufgrund des erfolgreichen Freiheitskampfes gegen die persischen Eroberungsversuche im 5. vorchristlichen Jahrhundert war das hellenische kollektive Gedächtnis geprägt von der Vorstellung, Griechenland und das autokratisch regierte Perserreich würden politisch-kulturell gesehen Antipoden darstellen.

Die politische Rede der athenischen Bürger war das zentrale Medium der Kommunikation. Die athenische Selbstregierung wurde vor Gericht, in den Ratsversammlungen, auf der Agora, auf dem Versammlungsplatz der Bürger ständig von Reden begleitet. Die Rede war auch das literarische Medium der theoretischen Reflexion von Politik. In der Tragödie wurden politische Argumente mittels kunstvoller Reden ausgetauscht, und zwar Reden einzelner Personen wie von Chören, welche die Bürgerschaft als Ganzes repräsentierten. In der Geschichtsschreibung wurde der Meinungskampf in Gestalt von Reden wiedergegeben (Thukydides). Die Rede war schließlich auch zentraler Bestandteil der Politischen Theorie. Platons Kritik der athenischen Demokratie war ein Angriff auf die politische Kommunikationsform der Rede, die seiner Ansicht nach nur die Überredung durch Meinungen, nicht Überzeugung durch Wissen anstrebte. Aristoteles, der Schüler Platons, widmete der Rhetorik eine eigene Abhandlung. Beide folgten in der Weise ihrer Präsentation von Argumenten und Gegenargumenten der rednerischen Praxis, sie publizierten sogar in Form von Dialogen, von denen freilich nur die Platons erhalten sind, von Aristoteles nur seine Lehrschriften. So lange überhaupt noch mündlich Argumente ausgetauscht werden, so lange nicht gewaltige Rechenzentren mittels der Auswertung von quantitativen Datenbergen kollektive Entscheidungen an Stelle politischer Beratung treten lassen, so lange wird die Politische Theorie der athenischen Demokratie Relevanz behalten.

Platon (428/427–348/347) war von adliger Abstammung und gehörte zu einer Familie, welche die Überwindung der Demokratie angestrebt hatte. Zu seinen prägenden Erlebnissen gehörte der Tod seines geliebten Lehrers Sokrates, den ein demokratisches Volksgericht verurteilt hatte. Die Frage, wie eine politische Ordnung den besten ihrer Bürger – so jedenfalls seine Einschätzung – hinrichten konnte, beantwortete Platon mit einer politischen Systemanalyse: Nicht die moralische Dekadenz der Athener oder ihr böser Wille sei schuld, sondern die Gesamtanlage der athenischen Demokratie. In der Demokratie werde nicht das Gute angestrebt, sondern die mehr oder weniger zufälligen Wünsche und Bedürfnisse der Menschen, die jedoch, auf die Natur und die Voraussetzungen dieser Bedürfnisse angesprochen, kaum in der Lage seien, vernünftig darüber Auskunft zu erteilen. Hier könne auch nur ein fundamentaler Strukturwandel Abhilfe schaffen, kein Laborieren an einzelnen Institutionen. Platons Lösung lautete: Das Philosophenkönigtum soll an die Stelle der Demokratie treten.

Platon hat in seinen Schriften seinen Lehrer Sokrates verewigt, er ist derjenige, der die Redepartner in philosophische Fragen verstrickt und in dialektischer Weise Argumentationen entfaltet, an deren Ende die Dialogpartner meist gezwungen sind, der Meinung von Sokrates zuzustimmen. Viele der platonischen Dialoge diskutieren politische Gegenstände. Einzelne für die Politik relevante Tugenden, die Rhetorik («Gorgias»), das Geschäft des Regierens und der geeignete Charakter eines Politikers («Politikos»), Institutionen und Verfahren («Nomoi») und schließlich die ideale Verfassung einer politischen Ordnung («Politeia»). Letzterer Dialog bildet den Kern von Platons politischer Philosophie, deren Hauptangriffspunkt die Demokratie war.

Platon kritisierte, dass in der Demokratie Politiker ihre Mitbürger nicht erzögen, sondern ihnen nur schmeichelten, um sie zu einem bestimmten politischen Handeln zu überreden. Beide aber, Politiker wie Bürger, verfügten über kein wirkliches Wissen, um Fragen der Politik angemessen beurteilen zu können. Statt sich auf die Suche nach der Wahrheit zu begeben, ziele die politische Kommunikation in der Demokratie nur darauf ab, die Meinungen der Bürger zu formen. Platon lässt Sokrates im «Gorgias» resümieren: «Also belehrt auch der Redner nicht in den Gerichts- und andern Versammlungen über Recht und Unrecht, sondern macht nur glauben. Auch könnte er wohl nicht einen so großen Haufen in kurzer Zeit belehren über so wichtige Dinge» (Gorgias 452dff.).

Platons Kritik packte die athenische Demokratie an der Wurzel ihres eigenen Selbstverständnisses: An Stelle der öffentlichen Beratung einander gleichrangiger Meinungen der Bürger solle das Expertenwissen treten, das nicht den Meinungen der Nichtexperten unterworfen ist. Er zog zur Erläuterung von Politik verschiedene Metaphern heran, darunter das Sinnbild des Schiffes. Die Eigner des Schiffes (gemeint ist das Volk) seien zugleich seine Passagiere und erhöben unentwegt Forderungen, in welche Richtung das Schiff gesteuert werden solle; doch nur der Steuermann verfüge über das Wissen, das Schiff erfolgreich durch Wind und Wetter zu navigieren. Platon wollte an diesem Bild verdeutlichen, was der Unterschied von Wissen und bloßem Meinen sei und warum ganz selbstverständlich nur derjenige einen vernünftigen Anspruch auf die Lenkung des Staatsschiffes erheben dürfe, der über das hierzu erforderliche Wissen verfüge.

Das von Platon gewählte Bild legt die Einheitlichkeit des Kommandos nahe. Politische Einheit zu bewirken war für ihn ein zentrales Anliegen. In seinem Dialog «Politeia» sucht er nicht nur nach der «gerechten» politischen Ordnung, sondern nach Ordnung überhaupt. Die «Politeia» besteht aus einem älteren Teil über die Unangemessenheit der zeitgenössisch bevorzugten Definitionen der Gerechtigkeit und einem späteren, umfangreichen Teil, der eine positive Theorie der Gerechtigkeit zu geben versucht und hierfür eine politische Idealordnung modelliert. Dieser Teil beginnt mit allgemeinen Erörterungen über das Entstehen und die Notwendigkeit von politischen Ordnungen überhaupt, die Klassifizierung der Bevölkerung und die Bedeutsamkeit derjenigen, die sich um die Bewachung und Aufrechterhaltung der politischen Ordnung kümmern (die «Wächter»).

Die politische Idealverfassung erläuterte Platon analog zur Verfassung der menschlichen Seele. Die Fähigkeit, die für politische Fragen nötigen Zusammenhänge zu verstehen, sei ungleich verteilt, was wiederum eine Gefahr für die innere Einheit der Politik bedeute. Platon kam über erkenntnistheoretische Fragen (Linien-, Sonnen-, Höhlengleichnis) zu dem Ergebnis, dass nur der Philosoph zum Regieren imstande sei und zwar vor allem als Gesetzgeber und als Wächter der Wächter.

Die zeitgenössische Irritation, ausgerechnet denjenigen, der am weltfremdesten wirkt, als alleinregierenden König einzusetzen, war Platon ebenso klar, wie er sich über die provozierende Forderung bewusst war, bei der Erziehung der Menschen zum Zwecke der Auslese des Philosophenkönigs keinen Unterschied zwischen Männern und Frauen zu machen.

Die Ideallösung Platons liegt in der Personalunion von Wissen und Macht. Um diese Vorstellung zu erläutern bedient er sich eines weiteren, in der Ideengeschichte oft genutzten Bildes, des Organismus. Gerechtigkeit (die Ausgangsfrage der «Politeia») will Platon anhand der als «großer Mensch» *(makros anthropos)* gedachten politischen Ordnung klären. Wie im Organismus, so müsse auch in der politischen Ordnung jedes Glied gemäß seiner Funktion bei der Lebenserhaltung integriert sein. Drei Funktionen unterscheidet Platon hierbei, die Ernährung, die Bewachung und die Führung. Die Zugehörigkeit zu diesen «Ständen» habe mit der Verfassung der individuellen Seele zu tun, den Anteilen des Begehrens *(epithymêtikon)*, der Emotionen im Sinne der motivierenden Kräfte *(hymoeides)* sowie der Vernunft *(logistikon)*. Die letzte Entscheidung über die Zugehörigkeit solle den Philosophenkönigen zustehen. Die Erziehung der Angehörigen des Nährstandes solle früher abgebrochen werden als die der Wächter, doch nur die Philosophenkönige würden das volle Erziehungsprogramm durchlaufen, das erst im Alter von 50 Jahren abgeschlossen sei. Zur Erziehung gehöre die körperliche ebenso wie die charakterliche und vor allem die intellektuelle Ausbildung. Auch Frauen sollten an der Auslese teilnehmen, da körperliche Unterschiede nicht den Ausschlag für die Standeszugehörigkeit gäben.

Erziehung *(paideia)* ist in Platons idealer Ordnung die Schlüsselinstitution. Sie war in Athen überwiegend der privaten Sorge überlassen. «Pädagogen» brachten Kinder nur zu den jeweiligen Ausbildungsstätten, die eigentlichen Lehrer boten ihre Leistungen gegen Geld an. Dazu gehörten die «Rhetoren», die in dem für die athenische Gesellschaft wichtigsten Fach unterrichteten, der Redefähigkeit; musste doch jeder Bürger sich vor Gericht selbst verteidigen. Rhetoren wie beispielsweise Gorgias von Leontinoi, der aus Sizilien die Rhetoriklehre nach Athen brachte, versprachen ihren Klienten die Vermittlung der Redefähigkeit, um andere zu überzeugen. In dem nach Gorgias benannten Dialog Platons wendet Sokrates ein, in Wahrheit verkaufe der Rhetor nur den Anschein als Wahrheit und betrüge daher das Volk.

Platons Vorbild war dagegen Sparta mit seinem umfassenden Erziehungsprogramm, das freilich im Wesentlichen nur der kriegerischen Ertüchtigung gewidmet war. Die hierbei praktizierten

Formen, etwa die Gemeinsamkeit des Lebens, der überwiegende Verzicht auf privates Eigentum, die relative Gleichrangigkeit untereinander, griff Platon auf und entwickelte daraus ein Modell der politischen Ordnung. Dieses entsprach einer Erziehungsanstalt, in welcher nichts dem Zufall überlassen wird, weder die Zeugung der Kinder noch die Frage von Dichtung und Musik. Im Zentrum steht der oft als Wächter bezeichnete Stand, der besser als Hüter *(phylakes)* und Helfer *(epikouroi)* zu bezeichnen ist. Er bewacht die politische Ordnung nach außen durch Waffengewalt und nach innen sorgt er für die Einhaltung der Gesetze, wofür vor allem Charakterfestigkeit nötig ist. Ihr Handeln soll allein auf das Gemeinwohl ausgerichtet sein, nicht das Privatwohl. Daher sollen die Hüter sich untereinander nicht nach ihrer Herkunft differenzieren, sie sollen in einer Mütter- und Kindergemeinschaft aufwachsen und nicht nach Familien separiert sein. Ferner ist ihnen jeglicher Besitz verboten. Die Einheit der politischen Ordnung soll wenigstens bei den Hütern nicht durch ein «Mein und Dein» aufgespalten werden. Der Philosophenkönig sei dank seiner Vernunft dazu prädestiniert, wie kein anderer nur das Gemeinwohl im Blick zu behalten und sich mit ihm zu identifizieren.

Wie aber soll die Herrschaft den Beherrschten vermittelt werden? Das moderne Legitimitätsproblem war Platon unbekannt, der subjektive Legitimitätsglaube, den Max Weber zumal für demokratisierte Gesellschaften erörterte, hat in Platons Herrschaftsmodell keinen Ort. Es ist unklar, ob die gerechte Herrschaft aufgrund ihrer Gerechtigkeit auch tatsächlich bei den Beherrschten auf Akzeptanz stößt. Immerhin machte sich Platon Gedanken über die Perzeption von gerechten Maßnahmen des Philosophenkönigs. Die Kontrolle der die Phantasie wie die Leidenschaften anregenden Mythen und der Musik sei ein wichtiges Herrschaftsinstrument zur Kontrolle der Öffentlichkeit: Die Beherrschten vermeinen nur, selbständig zu einem eigenen Urteil zu gelangen, die öffentlichen Darbietungen, auf deren Grundlage sie urteilen, sind aber manipuliert.

In dem «zweitbesten» Modell, das Platon in den «Nomoi» präsentiert, ist die Alleinherrschaft des Philosophenkönigs durch eine Gremienherrschaft elitärer Experten ersetzt. Ihre öffentliche Herrschaft wird durch nichtöffentliche nächtliche Sitzungen ergänzt, wo die als wahr und gerecht angesehenen politischen Maßnahmen erörtert werden. Zugleich wird festgelegt, wie sie den Beherrschten vermittelt werden sollen, damit diese, welchen die Einsichtsfähigkeit in Wahrheit und Gerechtigkeit der Maßnahme fehlt, leichter den Anordnungen Folge leisten. Das Wissen um die Gerechtigkeit legitimiert also jede Unwahrheit in der Kommunikation mit den Nichtwissenden, die Folge jeder Expertenherrschaft. Die Politik den Amateuren zu überlassen erschien Platon dagegen paradox: Selbst die Demokraten suchten Experten für alle Lebensfragen auf und überantworteten sie nicht den Mitbürgern. Schuhe würden von Schustern repariert und Krankheiten von Ärzten geheilt: Warum überlasse man das wichtigste aller Gebiete, die Politik, dem gemeinen Volk, dem es an dem hierzu nötigen Wissen ermangele?

Platons Argumentationsweise ist deduktiv. Er definiert ein oberstes Prinzip, die Idee des Guten, aus dem alle rangniederen Fragen abgeleitet werden: Aus der Idee des Guten folgt die Idee der Gerechtigkeit (das jeder das Seine tue) und hieraus die Idee des Standesstaates. Demokratie sei demzufolge eine verfehlte Verfassung, weil sie ungerecht sei, da sie nicht jedem das Seine gebe, sondern alle gleich mache.

Platon und Aristoteles haben die erste große Kontroverse in der Politischen Theorie geführt, bereits ihr Wissenschaftsverständnis unterscheidet sie. Aristoteles' Vorgehen bestand darin, seinen Gegenstand in seine Bestandteile zu zerlegen, die Einzelteile zu untersuchen und ihr Verhältnis zueinander zu bestimmen («Politik» I 1). Er arbeitete also induktiv. Er veranlasste die Sammlung der Verfassungen existierender politischer Ordnungen und diskutierte die für sie typischen Merkmale, ihre Vor- und Nachteile.

Aristoteles von Stageira (384–322) lebte lange in Athen, stand aber auch in makedonischen Diensten u. a. als Erzieher Alexanders des Großen. Während Platon davon ausging, dass es nur eine Wahrheit geben könne, ordnete Aristoteles verschiedenen Wissensbereichen verschiedene Erkenntniszugänge zu. Wahre Aussagen könne es nur in Gestalt von argumentativen Schlüssen aus unzweifelhaften Prämissen geben. Das ist laut Aristoteles vor allem in der Mathematik und der Geometrie möglich, solche unzweifelhaften Prämissen existieren in der Politik nicht. Politik ebenso wie Ethik und Rhetorik sind Aristoteles zufolge «praktische» Wissenschaften, das heißt auf Handeln und Tätigsein bezogen. Da politisches Handeln auf Argumenten basiere, die künftige Zustände behandelten und zugleich Wahrscheinlichkeiten zu berücksichtigen hätten, könne es hier keine wahren Aussagen geben. Verschiedene Menschen hätten unterschiedliche Vorstellungen von dem, was in der Politik richtig sei, was wiederum politische Konflikte auslösen könne. Politik stehe, dem wissenschaftlichen Rang nach, unterhalb der theoretischen Wissenschaften, «denn der Mensch ist nicht das Beste, was es im Kosmos gibt» («Nikomachische Ethik» 1141a20ff). Für den Menschen jedoch sei die Politik die oberste Disziplin, da sie die Ökonomie, Ethik und technischen Disziplinen in sich einschließe («Nikomachische Ethik» 1094a26-b7).

Das politische Hauptwerk von Aristoteles ist die «Politik», eine vermutlich nach seinem Tode zusammengestellte Sammlung von Vorlesungsmanuskripten, die für den Lehrbetrieb in seiner philosophischen Schule, dem Peripatos, gedacht waren und die offenbar nicht von letzter Hand redigiert sind. Aristoteles behandelt darin zunächst das Wesen des Politischen in Abgrenzung zu anderen Lebensbereichen, vor allem demjenigen des Haushaltes (Buch 1). Danach diskutiert er den Stand der Forschung, kritisiert Verfassungsentwürfe von Platon und anderen Zeitgenossen (wie Phaleas von Chalkedon und Hippodamos von Milet) und analysiert die Verfassungen von Sparta, Kreta und Karthago. Allgemeine Fragen der Verfassung werden im 3. Buch abgehandelt, darunter Fragen der Staatsformenlehre als solcher und die Diskussion der beiden wichtigsten empirischen Verfassungstypen, der Oligarchie und der Demokratie. Das vierte Buch beschäftigt sich mit Spezialfragen, etwa nach dem Verhältnis von Verfassung und Bürgerschaft, den unterschiedlichen Regierungsweisen (exekutive, beratende und richtende) und deren Pathologie, also ihrem Verfall. Dem folgt die Diskussion der Entstehungsbedingungen und der Stabilitätsgründe von Oligarchie und Demokratie (Buch VI). Abschließend finden wir Erörterungen des Verhältnisses des guten Lebens und der Erziehung zur Politik und Fragen der besten Regierungsform.

Die «Politik» steht in engem Zusammenhang mit zwei weiteren Schriften, der «Nikomachischen Ethik» und der «Rhetorik». In der «Nikomachischen Ethik» behandelt Aristoteles allgemeine Fragen nach der Tugend und der Gerechtigkeit unter Absehung der spezifischen politischen und sozialen Konstellationen. Die berühmte und bis heute rezipierte Unterscheidung zwischen distributiver (verteilender) und kommutativer (ausgleichender) Gerechtigkeit hat den im Gericht urteilenden Laienrichter vor Augen, der über Zivilstreitigkeiten zu entscheiden hat, und macht daher sehr abstrakte Angaben, um für die Vielzahl möglicher Streitfälle eine allgemeine Richtschnur zu liefern: Man müsse zwischen Gütern unterscheiden, die in arithmetischer Gleichheit auszugleichen (der Schaden um eine entsprechend gleiche Entschädigung) und Gütern, die der Würdigkeit der am Streit beteiligten Personen entsprechend zu verteilen seien. Letzteres wären vor allem politische Güter, namentlich Ämter, aber auch Steuern. Hier empfiehlt Aristoteles eine proportionale (geometrische) Gleichheit gemäß der Befähigung oder Leistung.

Diese Überlegungen präzisiert Aristoteles in der «Politik» anhand politischer Konfliktkonstellationen. Unterschiedliche Auffassungen über die zu Gebote stehende Gleichheit bilden einen zentralen Konfliktherd. Jeder Versuch, diese Konflikte durch die Durchsetzung nur eines bestimmten Prinzips der Gleichheit in allen Institutionen zu vermeiden, sei zum Scheitern verurteilt, denn schon empirisch zeige sich, dass solche Verfassungen keine lange Dauer hätten («Politik» V 1: 1301 b–1302 a). Auch dieses Argument zielt gegen Platon.

Ein Überschneidungspunkt zwischen Ethik und Politik ist die Frage, ob der beste Mensch zugleich der beste Bürger sei («Politik» III 4). Platon hatte diese Frage bejaht, Aristoteles differenziert hingegen. Seiner Ansicht nach muss die Tugend des besten Bürgers mit den Anforderungen der Verfassung abgestimmt sein, unter welcher er lebt. Jede Verfassung habe also ihren eigenen Typus des besten Bürgers und erfordere verschiedene Leistungen des Bürgers, je nach seinem Platz innerhalb der politischen Ordnung. Ferner müssten auch nicht alle Bürger zugleich die besten Menschen sein, um die Verfassung am Leben zu erhalten. In der Politik könne also die ethische Frage nach der Güte des Menschen nicht so einfach wie in der Ethik beantwortet werden, weil hier die Tugend in Relation zu den institutionellen Bedingungen des politischen Verhaltens stehe.

Aristoteles verstand das Politische als eine besondere Form menschlicher Organisation und Kooperation, nämlich als Herrschaft unter Freien und Gleichen. Zum spezifisch «politischen» Regieren gibt es Alternativen. Aristoteles nennt die «despotische» Herrschaft, die für viele Barbaren, also Nichtgriechen typisch sei (der Sklave wird dem Barbaren gleichgestellt: «Politik» I 2: 1252b9) und besonders im Perserreich vorkomme, wo der Großkönig seine Untertanen regiere wie ein Besitzer sein Eigentum verwalte. Mit Blick auf die griechische Gesellschaft unterschied Aristoteles die Herrschaft des Vaters über die Kinder von der Herrschaft über die Hausgegenstände, zu denen, wie in der gesamten Antike, auch die Sklaven zählten, und das besondere Verhältnis zwischen den Ehegatten. Sie alle gehören zum Oikos, dem Haushalt, und die Wissenschaft der besten Führung des Haushaltes ist die «Ökonomie». Politische Regierung finde sich dagegen nur zwischen Menschen, die sich als Freie und Gleiche begegnen und in der Position des Regierens abwechseln.

Nur in der politischen Gemeinschaft, der *koinonia politiké,* könne der Mensch seine sozialen Anlagen voll entwickeln. Der Mensch sei ein von Natur aus auf die Polis angelegtes Lebewesen, ein *zoon politikon* («Politik» 1253a2f.), oder wie es später latinisiert heißen wird: ein *animal sociale.* Von dieser latinisierten Variante der aristotelischen Formel leitet sich der neuzeitliche Begriff der Gesellschaft ab, nur dass Aristoteles nicht zwischen Politik und Gesellschaft trennt. Die Polis ist in seinen Augen die vollendete Lebensform des Menschen. Der Mensch sei um seiner Unabhängigkeit (*autarkia:* «Politik» 1253a1) willen in der Polis, denn nur dort finde er alle Lebensbedingungen vor, die zur Entfaltung seines Wesens wie seiner Selbsterhaltung erforderlich seien. Über die Befriedigung seiner natürlichen Bedürfnisse (Nahrung, Sicherheit, Fortpflanzung) hinaus strebe der Mensch in der Polis das gute bzw. das normativ vollkommene Leben an («Politik» 1252b29f.; 1257b41–1258a1, 1281a1f.). Diese enorme Fokussierung auf die Politik stellt eine Abgrenzung zu Platon dar, der an Stelle der politischen Lebensweise die theoretische als die vollkommenste Lebensweise definiert hatte (*bios politikos:* Platon, «Theaitetos» 172c–176b). Die politische Gemeinschaft meint nicht nur die Verbindung von freien und gleichen Bürgern untereinander, sondern auch die gemeinsame Teilhabe an etwas. Daraus entsteht ein Gemeininteresse der Bürgerschaft, welches sich vom privaten Interesse der einzelnen Personen unterscheidet («Politik» III 6: 1279a18ff.).

Aristoteles widersprach Platons Auffassung, wonach die politische Ordnung größtmögliche Einheitlichkeit anstreben sollte («Politik» 1261a15). Das politische Gemeinwesen ist seinem Wesen nach eine zahlenmäßige Vielheit, keine statische Einheit. Die Forderung nach Einheit ist in Aristoteles' Augen eher in der Ordnung eines Haushaltes als in der Politik sinnvoll, ihre Übertragung auf die Politik gefährde ihre Funktionalität: Mit fortschreitendem Eins-Werden würde sie sich dem Haushalt angleichen und der ihr eigentümlichen, der despotischen Regierungsweise («Politik» 1261a17ff.).

In der Frage der Gütergemeinschaft konzedierte Aristoteles, dass Platon ein zentrales Problem erkannt hatte, kritisierte aber die nicht intendierten Folgen seines Lösungsansatzes. Ebne man nämlich die sozialen Differenzen ein, so fielen auch ihre besonderen Leistungen weg: Wenn alle Menschen sich innerhalb der Polis als Freunde und Verwandte begegnen sollen, so werde sich ganz einfach die Sonderbeziehung von Freundschaft und Verwandtschaft abschleifen und Nah- und Sorgeverhältnisse entfielen. An Stelle der platonischen Frauen- und Gütergemeinschaft stellt Aristoteles die Freundschaft. Allerdings gebe es verschiedene Formen der Freundschaft. Die Freundschaft im Sinne einer – modern gesprochen – Klientelbeziehung oder einer Parteiverbundenheit ist etwas anderes als die persönliche Freundschaft, beide Formen können in Konflikt geraten («Politik» 1261b6ff.).

Politische Einheit ist für Aristoteles kein Zustand, der durch die einmalige Festschreibung der Strukturen gesichert werden könne, sondern das Ziel praktischer Tätigkeit, die erst aus der Vielheit eine in der Praxis wirksame Einheit schaffen müsse. Der Hebel hierzu sei die Erziehung («Politik» 1263b30ff.). Aristoteles lehnte jedoch Platons Vorbild, das Erziehungsmodell Spartas, als zu einseitig ab. Die Bürger müssten nicht nur im Krieg tüchtig sein, sondern auch im Frieden und gerade der Frieden erfordere besondere Fähigkeiten. Im Krieg nämlich diktiere die Notwendigkeit der Situation das richtige Verhalten, im Frieden sei es schwerer, die richtige Politik zu erkennen, weshalb auch eher Anarchie drohe. Erziehung müsse also die militärische Tapferkeit der Bürger zum Ziel haben, aber ebenso ihre intellektuelle Ausbildung, damit die nötige Disziplin und die Einhaltung gerechter Prinzipien nicht nur im Krieg, sondern vor allem im Frieden erfolge («Politik» VII, 15: 1334a22–32).

Platon und Aristoteles stellten sehr grundsätzliche Fragen: Gibt es universale Grundsätze, auf welchen alle Politik steht und kann man diese erkennen? Oder ist es die politische Praxis selbst, aus welcher ihre Regeln erkannt werden müssen? Letzteres hieße, dass es keine endgültige Gewissheit über ihre letzten Prinzipien gibt. Diese Kontroverse ist von Platon und Aristoteles nicht abgeschlossen worden. Bis in unsere Gegenwart hinein lassen sich Grundmuster ihrer Argumentation wiederfinden. Versteht man die Demokratie eher als Austausch gleichrangiger Meinungen, wird die Demokratietheorie an Aristoteles anschließen. Erwartet man dagegen von der Demokratie die Umsetzung universaler Maßstäbe, deren Legitimität nicht von der Zustimmung der Bürgerschaft abhängt, ist Platon wieder aktuell. Die anhaltende Rezeption von Platons und Aristoteles' Texten durchzieht die Ideengeschichte wie zwei Pfade. Als Platonismus und Aristotelismus haben sie sich besonders im Mittelalter zu klar voneinander unterscheidbaren Denkschulen ausgebildet.

2. Augustinus von Hippo und Marsilius von Padua: Glaube, Kirche und Politik im Mittelalter

Zwischen Augustinus von Hippo (354–430) und Marsilius von Padua (etwa 1290–1342/1343) liegt die mittelalterliche Epoche des Politischen Denkens, das Zeitalter zwischen Altertum und Früher Neuzeit. Argumentationsweise und Thematik des politischen Denkens des Mittelalters sind dem modernen Leser oft unvertraut. Die christlichen Schriftsteller des Mittelalters kennzeichnet, dass sie ihre Argumentation hauptsächlich auf Bibelauslegungen sowie anerkannte «Autoritäten» wie die Kirchenväter und Philosophen der Antike stützen. Zwar wurden antike Texte, zumal jene von Platon und Aristoteles, intensiv, wenn auch aufgrund von Textverlusten oft nur rudimentär, rezipiert, doch stets vermittelt durch die Religion, die im Mittelpunkt der theoretischen Reflexion der Politik des Mittelalters steht. Augustinus fragte nach der Vereinbarkeit der christlichen Heilslehre mit den Anforderungen des Lebens in einer letztlich nur im Übergang zur endgültigen Gottesherrschaft befindlichen Welt. Marsilius von Padua konstatierte dagegen, dass die Kirche mittlerweile zur politischen Macht geworden sei und löste die Politik aus ihrer religiös-theologischen Umklammerung. Das Thema «Politik und Religion» ist der Moderne offenkundig nicht abhanden gekommen, was wiederum das Interesse am Mittelalter vergrößert hat. Darüber darf aber nicht vergessen werden, dass die Religion und das Problem ihrer weltlichen Organisation neue Ideen hervorbrachte, namentlich die Repräsentation, deren theologische Wurzeln heute kaum mehr erkennbar sind.

In der Antike war die politische Praxis durchzogen von religiösen Zeremonien. Das Christentum übernahm vieles aus dem römischen Kult. Das «sacramentum» beispielsweise war der feierliche und damit religiös konnotierte Fahneneid des römischen Soldaten. Da lag es nahe, die Aufnahme in die Christenheit, die Taufe, als ein solches Sakrament zu bezeichnen (Tertullian). Über das menschliche Verständnis der Götterwelt und die soziale Funktion ihrer Thematisierung hatte bereits Cicero eine große Studie veröffentlicht («De natura deorum» von 45 v. Chr.). Vor ihm hatte Marcus Varro drei Varianten von Theologie unterschieden, die später Augustinus diskutierte («Vom Gottesstaat» VI 5): Die mythische Theologie *(genus fabulare)* ist die von Dichtern «für das Theater» ausersonnene Darstellung der Götterwelt, die physikalische Theologie *(genus naturale)* ist die von Philosophen konzipierte Naturphilosophie, während die politische Theologie *(genus civile)* den Bereich umfasst, in welchem die politische Ordnung nach ihren Bedürfnissen und Traditionen Religion praktiziert, mit der Absicht einer Sakralisierung der politischen Gemeinde zur Kultgemeinde.

Augustinus wurde in einer nordafrikanischen Provinz des Römischen Reiches geboren und lebte zu einem Zeitpunkt, da das Christentum bereits zur römischen Staatsreligion erhoben war und der Kaiser eine zentrale Stellung in der christlichen Kirche einnahm. In der Westkirche emanzipierte sich das römische Papsttum vom niedergehenden Kaisertum und etablierte sich zugleich als geistliche wie weltliche Macht.

Augustinus durchlief zunächst die typische Ausbildung eines Mitglieds der Oberschicht, die Rhetorik. Sie blieb das rechtliche und politische Handwerk der alt-römischen magistratischen Führungselite, auch im Niedergang der politischen Ordnung. Nach seinem Bekehrungserlebnis im August 386 in Mailand widmete er sich dem Christentum und wurde schließlich 395 Bischof von Hippo in Nordafrika. Zu diesem Zeitpunkt befand sich die Kirche nach einer 200-jährigen Politik des Anschmiegens an das Römische Reich in einer Krise. Diese war gekennzeichnet durch die Spannung zwischen einer jenseitig orientierten Auslegung des Christentums und ihrem Hang zur eremitischen Weltflucht (Anachoreten) sowie einer an der griechischen Philosophie orientierten Interpretation (Pelagianismus). Die Eroberung Roms durch die Westgoten am 24. 8. 410 verursachte zudem eine Legitimationskrise: Hatte das Christentum mit seinem Jenseitsglauben und seiner Liebesethik als Staatsreligion die Widerstandskraft des weströmischen Reiches von innen heraus untergraben? Wie konnte man sich mit Nächstenliebe und Friedenssehnsucht gegen Barbaren wirksam zur Wehr setzen?

Augustinus versuchte in dieser ideenpolitischen Konstellation christliche Ethik und weltliche Gebote, politische Ordnung und Jenseitserwartung miteinander zu vermitteln. Die Weltflucht lenkte er durch die Schaffung eines geordneten Kloster- und Ordenswesens in sozial verträgliche Bahnen. Häretiker bekämpfte Augustinus auch unter Zuhilfenahme der militärischen Gewalt des Reiches. Als Schriftsteller aber versuchte er, das Verhältnis von Christentum und Römischen Reich, zwischen dem Leben in der Welt und der Erwartung der Welt jenseits von ihr, neu zu bestimmen. Er begann hierzu seine Schrift «Vom Gottesstaat» kurz nach der Eroberung Roms und arbeitete daran von 413 bis 426.

In «Vom Gottesstaat» verknüpfte Augustinus politische Philosophie, Theologie und Geschichtsphilosophie und versuchte das Verhältnis der Christen zur politischen Ordnung unter Beibehaltung ihres Glaubens an die Gottesherrschaft zu klären. Anders als die chronologisch strukturierten Werke der römischen Geschichtsschreibung (zuletzt Ammianus Marcellinus' «Rerum gestarum», vor 391 abgeschlossen) entwickelte er ein eschatologisches Geschichtsbild, das auf ein angenommenes Ende der Geschichte ausgerichtet war. Geschichte stand bei ihm zwischen zwei zentralen Ereignissen: dem Sündenfall und dem Jüngsten Gericht. Alle Zeit dazwischen war ihm Zwischenzeit, Übergangszeit. Der Mensch ist laut Augustinus wie ein Pilger, in der sichtbaren Welt wandernd, aber einem Ziel zustrebend, das einer anderen, erst in Teilen sichtbaren Welt, dem himmlischem Reich, zugehört (Zwei-Reiche-Lehre). In diesem Übergang gehöre der Menschen beiden Reichen an, er sei zugleich irdischer

Bürger *(civitas terrena)* wie Bürger des Gottesreiches *(civitas Dei)*. So sei die Kirche zwar wesentlicher Teil des Himmlischen Reiches und umfasse auch die Heiligen, sie sei aber ebenfalls durchwirkt vom irdischen Reich: Kirchendiener könnten Fehler machen und irren. Erst beim Jüngsten Gericht werde man wissen, wer der göttlichen Gnade anteilig werde, im hiesigen Leben gehörten auch Ungerechte der Kirche an. Daher seien es weniger die Personen als die Sakramente, die die Heiligkeit ausmachten. Umgekehrt sei das Römische Reich wesentlicher Teil der *civitas terrena,* doch könne es, wenn es der Gerechtigkeit, dem Frieden oder dem Schutz der Kirche diene, auch Züge der *civitas Dei* in sich tragen.

In den normativen Maßstäben zur Bewertung der *civitas terrena* ragt laut Augustinus das Himmlische Reich in das irdische hinein, so im Begriff der Gerechtigkeit: *«Remota itaque iustitia quid sunt regna nisi magna latrocinia?»*, was sind Regierungen ohne Gerechtigkeit außer große Räuberbanden («Gottesstaat» IV 4)? Politische Gewalt rechtfertige sich nur durch Ziele, deren Ursprung außerhalb der Politik läge. Gerechtigkeit und Frieden definierte Augustinus aber aus theologischer Perspektive: Letzte Gerechtigkeit liege bei Gott, vollständiger Friede finde sich als Seelenfriede nur bei Gott. Andererseits lehnte Augustinus die unterschiedslose Übertragung der christlichen Liebesethik auf das Handeln im irdischen Reich ab. Der christliche Richter, der die Todesstrafe verkünde, verstieße genauso wenig gegen das Tötungsverbot wie der christliche Henker oder Soldat, wenn sie entsprechend dem Gesetz handelten («Vom Freien Willen» 1,5,12, etwa 387–395 verfasst).

Seiner Ansicht nach hatte Gott immer wieder das Töten befohlen, was er sich mit der Theorie der gerechten Vernunft erklärte: Deren Vollstrecker sei die politische Ordnung durch ihre Autorität und mit Hilfe von Gesetzen («Vom Gottesstaat» I 21). Erst die Ungerechtigkeit des Gegners erzwinge den Gebrauch von Gewalt (XIX 17). Alle Ungerechtigkeit folge aus dem Umstand der Schlechtigkeit des Menschen. Der Mensch sei schlecht aufgrund der Erbsünde, so lautete Augustinus' Anthropologie, die das gesamte Mittelalter prägte. Der falsche Gebrauch der Freiheit, den der Mensch im Paradies machte, bestimme die Gattung. Daraus leite sich die Notwendigkeit der Beherrschung ab, da der Mensch aus eigener Kraft kaum zur Selbstregierung imstande sei, und dies rechtfertige alle politische Ordnung. Der Mensch stehe in der Spannung zwischen der Liebe, die in ihm die Sehnsucht nach dem vollkommenen Frieden in Gott hervorbringe, und der physischen Verwurzelung im Diesseits, dem Fleisch. In diese Spannung gestellt kann Augustinus das Verhalten des Menschen als stets unvollkommenen Umgang mit seinen Mängeln schildern. Ohne die steuernde Kraft von Institutionen werde der Mensch sein Heil nicht finden. Kriege, Krankheiten, Herrschaftsstrukturen, auch ungerechte wie die der Versklavung, sind für Augustinus Maßnahmen Gottes zur Strafe des sündigen Menschen. Die Erlösung von den Mängeln könne nicht im Diesseits geschehen, folglich sei von dieser Welt nicht zu erwarten, dass sie den Mangelzustand überwinde. Erst im Frieden, der bei Gott sei, werde die Vernunft aufhören können, die Sünde zu beherrschen (XIX 27).

Die Bekämpfung der Sünde legitimiert für Augustinus jedes Gewaltverhältnis, von der väterlichen Hausgewalt bis zur politischen Herrschaft. Bei ihm findet sich schließlich auch eine Rechtfertigung der Kriegführung, allerdings verstreut in seinem Gesamtwerk. Sie ist von späteren Kirchenrechtlern, insbesondere Ivo von Chartres zusammengetragen worden und beeinflusste die entsprechenden Passagen des Decretum Gratiani, einem Grundtext des Kanonischen Rechts (Reibstein 1957, S. 129–136). Danach beziehe sich die Liebesethik auf die innere Gesinnung, nicht auf das äußerliche Verhalten. Auch der Krieg könne mit Nächstenliebe geführt werden, wenn er dazu diene, den Besiegten aus Mitgefühl in die Gerechtigkeit zurück zu führen, die er zuvor verletzte. Wer also den Krieg um des Friedens willen führe, um die Bösen zu bekämpfen und die Guten zu befreien, der führe einen gerechten Krieg.

Augustinus war nicht der erste, der den Krieg rechtfertigte, das hatte vor ihm u. a. schon Cicero getan, den Augustinus auch ausführlich rezipierte. Gaben die antiken Autoren aber eher eine deskriptive Beschreibung eines politischen Handlungsschemas mit vereinzelten Hinweisen zur Abwägung der Rechtmäßigkeit, etwa die Rechtfertigung des Krieges zur Wiederherstellung des Rechts und zur Verteidigung von Bundesgenossen, so förderte Augustinus eine Theoriebildung, die materielle, formale und intentionale Aspekte zusammenbrachte. Sie wurde von Thomas von Aquin im 13. Jahrhundert am klarsten ausformuliert (in seiner «Summa theologica», II-II, quaestio XV) und verlangt die Berechtigung der Kriegführung (*auctoritatis principis:* man muss die nötige Autorisierung haben, und das haben die Fürsten, welche nach der Lehre des Paulus im Römer-Brief von Gott eingesetzt wurden), die Verfechtung einer gerechten Sache *(iusta causa)* und eine rechte Absicht bei der Kriegführung *(intentio recta)*.

In der politischen Denkwelt des Mittelalters wurde eine politische Ordnung, die von der Spitze her aufgebaut war (Hierokratie), bevorzugt, weshalb sich die Theoriebildung auf Papst und Kaiser konzentrierte. Die Frage des Verhältnisses beider beherrschte das 12. bis 14. Jahrhundert. Es ging aber nicht nur um Fragen des Vorrangs oder der Legitimation, es ging um handfeste machtpolitische Interessen, um Besteuerung und Ämterbesetzung: Waren Bischöfe alleine von der Anerkennung durch den Papst abhängig oder hatten weltliche Fürsten ein Mitspracherecht? Mussten nicht sogar die Könige und allen voran der Kaiser in ihre Ämter durch den Papst eingesetzt werden und konnten von ihm daher auch wieder abgesetzt werden? Zwischen Kaiser und Papst als den beiden großen Fixpunkten dieses Kampfes um legitime politische Macht in Europa eröffnete sich ein Zwischenraum, den ganz andere politische Akteure und Verbände auszufüllen verstanden. Menschen organisierten sich in zahllosen Assoziationen und formten zumal in den Städten spätestens seit dem 12. Jahrhundert Regime der Selbstregierung, die sie gegen kirchliche und fürstliche Machthaber durchsetzten. Was sich in der politischen Praxis etablierte, etwa in der Amtseinsetzung durch die Wahl der Bürger, suchte eine angemessene theoretische Reflexion. Auf der Suche nach einer theoretischen Grundlegung traten im 14. Jahrhundert nun klassische Texte wie die von Aristoteles, daneben aber immer mehr auch die von Cicero (zumal die «De Officiis») in den Vordergrund, die in der theologisch-scholastischen Debatte keine Rolle gespielt hatten oder völlig anders interpretiert worden waren.

In dieser Konstellation entstand das Buch «Defensor Pacis» (Verteidiger des Friedens) von Marsilius von Padua. Marsilius entstammte dem Paduanischen Patriziergeschlecht der Mainardini, die viele kommunale Ämter ausgeübt hatten. Er ging zum Studium der Medizin an die Universität von Paris und war sogar kurzzeitig ihr Rektor. Marsilius setzte sich für die Partei der Ghibellinen ein, also der Anhänger des Kaisertums als europäischer, seinerzeit vor allem als oberitalienischer Ordnungsmacht. Nach eigenen Angaben beendete er am 24. Juni 1324 den «Defensor Pacis», der zunächst anonym erschien. Die dort vertretene radikale Kritik des päpstlichen Machtanspruchs wurde sogleich angegriffen. Als seine Autorschaft 1326 enthüllt wurde, war Marsilius gezwungen, Paris zu verlassen. Wie andere Kirchenkritiker (allen voran William von Ockham) verschlug es ihn an den Münchener Hof des römisch-deutschen Königs Ludwig IV., wo er dem königlichen Beraterstab angehörte. Er begleitete den König auf dessen Italienreise, zog mit ihm am 7. Januar 1328 in Rom ein und war Augenzeuge, als Ludwig ohne Mitwirkung des Papstes zum Kaiser ernannt wurde. Der Papst bekämpfte den Kaiser mit dem Kirchenbann, worauf der neue Kaiser einen Gegenpapst einsetzte – eine Maßnahme, die Marsilius' Theorie folgte. Im Ganzen scheiterte jedoch die kaiserliche Politik. 1330 musste Marsilius mit Ludwig nach München zurückkehren und verblieb dort bis zum Ende seines Lebens, wobei er weiterhin die kaiserliche Politik mit mehreren Gutachten und kleineren Streitschriften unterstützte.

Auch Marsilius argumentierte mit den biblischen Schriften. Daneben war es aber vor allem Aristoteles, den er rezipierte, und zwar im Lichte seiner persönlichen Erfahrungen mit den Stadtstaaten Oberitaliens. Er zog Aristoteles' Lehre von den Ursachen der Zwietracht innerhalb politischer Ordnungen heran und hob hervor, dass Aristoteles den wichtigsten Störfaktor der Gegenwart nicht gekannt hatte: die Kirche (I 19).

Die Bulle «Unam Sanctam» (1302) von Papst Bonifaz VIII. mit ihrem wie nie zuvor erhobenen weltlichen Machtanspruch war der Anstoß für Marsilius' Theorie. Er druckte dieses Dokument in seinem Werk noch einmal ab (II 20, 8) und attackierte den Papst für seine friedensgefährdende Einmischung in die Angelegenheiten des Kaisers. Er verglich den Papst mit einer «verderblichen Pest», die wegen «der Fäulnis ihrer verderbten Wurzel» bekämpft werden sollte (I 19, 13). Marsilius kritisierte weder Religion noch Kirche als solche, sondern ihre Entwicklung zur weltlichen Macht. Seiner Ansicht nach musste die Kirche dem Vorbild der Ur-Kirche folgen, die durch Armut und Vergeistigung geprägt gewesen war und pries das Vorbild des franziskanischen Armutsideals. Auch Jesus und seine Jünger hätten sich der weltlichen Zwangsgewalt unterstellt (II 4, 13).

Der Titel des «Defensor Pacis», eine Reminiszenz an den Eid der Amtsträger von Padua, den Frieden der Stadt zu verteidigen, weist bereits in die Richtung von Marsilius' Politiktheorie, wonach das Ziel politischen Handelns auf die Verfolgung und Sicherung des innerweltlichen Friedens festgelegt sei und nicht auf das Seelenheil oder spirituelle Ziele. Hierarchie war laut Marsilius auch keine Folge der Erbsünde, wie Augustinus behauptet hatte, sondern ausschließlich Ergebnis menschlicher Satzung (I 19, 8 und II 15, 6), und damit veränderbar.

Marsilius akzeptierte als bindendes Gesetz nur, was als Vorschrift formuliert wurde (I 10, 5) und begründete damit eine Definition des positiven Rechts, nach der nicht der Inhalt des Gesetzes, sondern die Gesetzgebung maßgeblich ist. Auch ein unvernünftiges Gesetz bleibe gültig, sofern es prozedural korrekt zustande gekommen sei (I 10, 5). Externe Maßstäbe gemäß bestimmter Gerechtigkeitsvorstellungen, wie sie beispielsweise die Theologie der Politik auferlegte, lehnte Marsilius als zweitrangig ab. Die innerweltliche Ordnung folge ihren eigenen Gesetzen, die sich die Bürgerschaft selbst gebe, auch wenn sie sich von allgemeinen Richtlinien leiten lassen sollte. Dazu zähle der Vorrang der Gesetzesherrschaft, des Gemeinwohls und der magistratischen Regierungsweise, da gewählte Regierungen nicht-gewählten überlegen seien. Erbmonarchien hätten oft

Probleme einen geeigneten Nachfolger zu produzieren, weshalb die Wahl eine dauerhaftere politische Ordnung ermögliche (I 9, 7). Die noch kurz zuvor geschriebenen scholastischen Aristoteles-Kommentare, etwa von Peter von Auvergne (gest. 1304), bevorzugten die Erbfolge, weil ihnen die «multitudo», die Menge der einfachen Menschen nicht klug genug für die Gesetzgebung erschien. Marsilius interpretierte Aristoteles völlig anders: Aus dessen Summierungstheorie, die der Menge eine größere Urteilskraft als den Spezialisten zuspricht («Politik» III 11), folgerte Marsilius, dass die Legitimität des Gesetzes auf der Gesetzgebung durch die Gesamtheit der Bürger *(universitas)* oder wenigstens ihres gewichtigeren Teils *(valenciorem partem)* beruht («Defensor Pacis» I 12, 3 und 5). Die Gesetzgebung, die alle Bürger betreffe, müsse von der allgemeinen Körperschaft der Bürger beschlossen werden (I 12, 7), eine Formulierung, die auf eine römisch-rechtliche Verfahrensregel anspielt, die für die weitere Durchsetzung des demokratischen Selbstbestimmungsrechts eine große Bedeutung haben sollte: *quod omnes tangit ab omnibus approbari debet,* was alle betrifft, muss von allen genehmigt werden.

Dem Volk gebühre die Gesetzgebungskraft, es sei die Quelle des Gesetzes (III 6). Aber was ist das «Volk»? Marsilius unterschied, wiederum Aristoteles sowie Cicero in «De Officiis» folgend, zwischen *vulgus* bzw. *plebs* und Bürgerschaft, dem *populus*. Die Demokratie definierte er, in ausdrücklichem Anschluss an Aristoteles, als Entartung der Politie: In der Politie herrsche die Bürgerschaft *(civis),* in der Demokratie aber die Plebs (*multitudo, vulgus:* I 8, 2). Wenn Marsilius vom «gewichtigeren» Teil spricht, klingt das wie ein Verweis auf das Patriziat. Marsilius bemühte sich aber um den Nachweis, dass auch die ungebildete Menge über einen beachtlichen Anteil an politischer Urteilskraft verfüge: Mangels Muße für geistige Arbeit fehle es ihr zwar an Gelehrsamkeit, doch habe sie Verständnis für die Fragen des praktischen Handelns und könne ein belastbares Urteil hierüber aussprechen («Defensor Pacis» I 13, 4). Die einfache Menge an Bürgern werde vielleicht nicht eigeninitiativ gute Gesetzesvorschläge vorlegen, aber besser als die Gebildeten mit ihren Sonderinteressen Mängel von Gesetzesvorschlägen erkennen können (I 13, 7). Marsilius plädierte daher für eine Mischung von Gebildeten und ungebildeter Menge in der gesetzgebenden Versammlung: eine seinerzeit ganz außergewöhnliche Überlegung. Er zählt somit nicht zu den Vorläufern der modernen Volkssouveränitätslehre, da der für die Demokratie charakteristische egalitäre Volksbegriff fehlte. Gemessen am zeitgenössischen Diskurs findet sich jedoch niemand, der ihn in Hinblick auf die Einbeziehung der Bevölkerung in politische Herrschaft an Radikalität überbietet.

Der Kampf um das Verständnis der Kirche als einer weltlichen Institution wurde auch innerhalb der Kirche selbst geführt. Die reformpolitische Kirchenbewegung des Konziliarismus, deren Höhepunkt im 15. Jahrhundert lag, mit ihrer Vorstellung, dass die bindende Gesetzgebung im Konzil erfolge und nicht durch den Papst allein, stützte sich auf Marsilius' Theorie. Hintergrund des Konziliarismus war die Frage nach der Repräsentation der Kirche als solcher: Wer repräsentierte was mit Bindung für wen? War dasjenige, was repräsentiert wurde, im Augenblick des Repräsentierens anwesend, einschließlich spiritueller Elemente wie des Heiligen Geistes, oder handelte es sich um eine Art juristische Stellvertretung, ein Handeln für andere, die abwesend waren? Alle neuzeitlichen politischen Ideen der Repräsentation nehmen ihren Ausgangspunkt in diesen ersten Überlegungen, die sich im Zwischengebiet von Religion und Politik bewegten. Marsilius legte Wert auf die prozeduralen Aspekte der gesetzlichen Selbstbindung. Auch das Verfahren der Gesetzgebung unterliegt demnach einer Festlegung durch die Betroffenen selbst. Marsilius erörterte hierzu auch das Verhältnis von Vollversammlungen der Bürgerschaft zu deren repräsentativen Vertretungskörperschaften (I 13, 8). Diese Überlegung übertrug er auch auf die Kirchengemeinde und die Idee ihrer Generalversammlung (II 19, 3).

Das Mittelalter sprach Probleme an, die in der modernen Demokratie akut geblieben sind: Wie stark sind die Regierten durch Akte der Repräsentation, etwa durch parlamentarische Gesetzgebung, gebunden? Was heißt es, im Namen des Volkes zu handeln oder zu sprechen? Jede Form politischer Selbstorganisation hat mit diesen Problemen zu kämpfen, nicht erst in der Moderne. Hinzu kam die Frage der inneren Bindung an gemeinsame Beschlüsse: Bedarf es einer sakralen Bindung, mag diese auf religiösem Glauben oder «Wahrheit» beruhen? Woher speist sich der Inhalt von Gerechtigkeitsvorstellungen und was geschieht, wenn unterschiedliche Gerechtigkeitsvorstellungen aufeinanderprallen? Was sich bei Marsilius anbahnte, vervollkommnete sich im 15. und 16. Jahrhundert mit der Ablösung der Politik von der Religion.

3. Thomas Morus und Niccolò Machiavelli: Politik zwischen Utopie und Machterhalt

1513 erschien Niccolò Machiavellis «Il Principe», 1516 die «Utopia» von Thomas Morus. Beide Werke demonstrieren, wie sich die Politische Theorie im Übergang vom späten Mittelalter zur Frühneuzeit gewandelt hatte. Insbesondere das Verhältnis von Moral und Politik wurde neu bestimmt und man sah sich nicht mehr gezwungen, die biblischen Schriften als Autoritätsbeweis für politische Argumente heranzuziehen. Was sich bei Marsilius angebahnt hatte, vollendete sich hier: Die Erkenntnis, dass Politik ihre eigene Gesetzmäßigkeit besitzt und eine eigene Herangehensweise verlangt. So unterschiedlich die Traditionen sind, auf die Morus und Machiavelli zurückgriffen, ihnen gemeinsam war die Erfahrung mit politischer Praxis.

Thomas Morus (1478–1535) gehörte dem Humanismus an, einer Gelehrtenbewegung, die in Kenntnis der antiken und theologischen Schriften immer stärker Probleme der Politik und des Rechts in den Blick nahm. Ursprünglich war es ein theologisches Interesse an der Rekonstruktion der biblischen Schriften gewesen, das zu einer intensiven Beschäftigung mit Sprache und Grammatik führte: der Wunsch nach sprachlicher Wiederherstellung des ursprünglichen Textes. Hieraus erwuchs die Wertschätzung auch für solche antiken Texte, deren Gegenstand nicht selbst theologisch war. Humanistische Gelehrte korrespondierten ausführlich miteinander, wie z.B. Morus mit Erasmus von Rotterdam, dem führenden Philologen seiner Zeit, der auch von Martin Luther hoch geehrt wurde.

Morus hatte zunächst Neigungen zum Priesterberuf, ja zur klösterlichen Weltabgewandtheit, schlug dann aber doch die juristische Laufbahn ein, die in eine politische Karriere mündete. Vermutlich war er bereits 1504, spätestens 1510 im Parlament (als Abgeordneter der City of London, 1523 war er Speaker of the House) und wurde 1518 Mitglied des königlichen Rates unter Heinrich VIII, von ihm 1529 zum Kanzler ernannt. Als der König die anglikanische Kirche gründete, um seine Vorherrschaft sicherzustellen, trat Morus aus Gewissensgründen zurück. Da er den Treueid verweigerte, wurde er Ende 1535 verurteilt und geköpft.

Das Wort «Utopia» ist ein Neologismus und meint das «Nirgendwo», ein geographisch nicht genau zu ermittelnder Ort. U-Topia ist dem Eu-Topia verwandt, was dann soviel wie guter oder glücklicher Ort heißen würde. Dieses Wortspiel verrät den spielerischen Umgang mit einem ernsten Thema: die Darstellung einer perfekten politischen Ordnung als Gegenentwurf zu den politischen und sozialen Mängeln der eigenen Zeit. Die «Utopia» spielt mit der Fiktion: Von dem fernen Inselstaat namens Utopia weiß der Autor nur mittels des Berichts eines Reisenden, der ihn besucht haben will. Dieser Besucher heißt Raphael Hythlodaeus, was soviel wie Experte des Nonsens bedeutet. Die in Latein verfasste «Utopia» ist das Werk eines Humanisten für Humanisten, ein sprachliches Meisterstück für auf dem Gebiet der Sprache bewanderte Gelehrte, die diese Lektüre zu schätzen wussten und sie in ihren Briefen untereinander eifrig kritisierten und kommentierten, darunter Erasmus von Rotterdam und Willibald Pirckheimer. Der Basler Ausgabe von 1518 sind einige dieser Briefe beigegeben worden.

Alle genannten Humanisten waren aber nicht nur Schriftgelehrte, sondern auch politische Berater und kannten die damit verbundenen Gefahren. Politische Beratung ist auch das in der

«Utopia» zunächst diskutierte Thema im Eröffnungsgespräch zwischen Morus und Raphael. Das Problem des Diebstahls leitet dann über zu einer Analyse der sozio-ökonomischen Struktur der englischen Gesellschaft. Die von Raphael vorgeschlagene Lösung läuft auf die Vergesellschaftung des Eigentums hinaus. Als Morus dies für abwegig erklärt, setzt der Bericht Raphaels vom Inselstaat Utopia ein, wo das Gemeineigentum die Grundlage der Gesellschaftsstruktur ist. Im Folgenden entwickelt der Bericht ein lebhaftes Bild von der sozialen und politischen Ordnung Utopias. Obwohl Morus' Werk an Platons «Politeia» erinnert und die Utopier angeblich selbst die «Politeia» kennen, unterscheidet sich Morus von Platon dadurch, dass er die politische Ordnung der Utopia darlegt, als hätte es sie gegeben.

Im Vordergrund der «Utopia» steht die sozialpolitische Planbarkeit gesellschaftlicher Strukturen. Die wissenschaftliche Anleitung ermöglicht Wohlfahrt und Glück. Die Mächtigen müssen nicht klug beraten werden, die Berater haben selbst die Macht inne. Morus greift auch hier eine Idee Platons auf, führt sie aber durch die realistische Darstellung des Werdens und des Wandels von Utopia in den Bereich des Möglichen.

Hält man das Privateigentum für das zentrale Problem aller Politik, so ist Utopia eine nahezu perfekte Lösung. Mängel und Fehlverhalten, die durch materielle Ungleichheiten entstehen, können vermieden werden. Das Ergebnis ist ein Wohlfahrtsstaat, in dem niemand hungern muss und der autark ist, also aus sich selbst heraus existiert und von niemandem abhängig ist. Andere Maßstäbe der Bewertung führen jedoch zu einem sehr ambivalenten Ergebnis. Die Utopier haben Sklaven, beauftragen andere Völker mit der Kriegführung (Zapoleten), es werden Kopfprämien zur Ermordung feindlicher Politiker ausgelobt. Die auf Lebenszeit regierenden Herrscher nutzen Furcht und Terror als Mittel zur Herrschaftsstabilisierung. Morus selbst zeigt sich in der «Utopia» nicht so begeistert von ihr wie Raphael, erwägt aber die Übernahme einzelner Aspekte.

Morus' «Utopia» ist Namensgeber und Vorbild der utopischen politischen Theorie. Die Textgattung der Utopie verfügt über ein breites Spektrum. Politische Systementwürfe in der

Tradition von Morus finden wir in Francis Bacons «New Atlantis» (1627 nach Bacons Tod veröffentlicht) und in James Harringtons «Oceana» (1656). Von diesen realistischen Überlegungen zur Schaffung einer stabilen oder leistungsfähigen politischen Ordnung unterscheiden sich gleichzeitige christliche Utopien, namentlich Johann Valentin Andraes «Christianopolis» (1619) und Tommaso Campanellas «Sonnenstaat» (1623), die eine vollkommene Umsetzung des Ideals christlichen Lebens vorexerzieren wollen. In dieser Tradition stehen auch moderne Autoren wie Ernest Callenbach («Ecotopia» von 1975), nur dass hier an die Stelle des christlichen das ökologische Ideal der Harmonie des menschlichen Daseins mit seiner natürlichen Umwelt tritt. Eine weitere Variante der Utopiegattung bilden die sogenannten «negativen» Utopien oder Dystopien. Sie kritisieren bestehende politische Ordnungen, indem sie einzelne ihrer Aspekte oder Entwicklungstendenzen aufgreifen und ins Extrem fortdenken (Jewgeni Iwanowitsch Samjatin, «Wir» 1921; Aldous Huxley, «Brave New World» 1932; George Orwell, «1984» 1949).

Utopien als literarische Fiktionen ermöglichen die Konstruktion von politischen Gemeinschaften, die zwar nicht empirisch erfahrbar, aber doch wenigstens denkbar sind. Sie sind Reflexe der politischen Wirklichkeit des Autors und seines Publikums, die sie sowohl analysieren wie kritisieren. Da es in der Sache um Idealstaaten geht (abgesehen von den späteren Beispielen negativer Utopien, meist des 20. Jahrhunderts), sie aber nicht theoretisch, sondern plastisch-praktisch beschrieben werden, erreichen sie ein sehr viel breiteres Publikum und wollen dies auch. Das Mittel des verfremdenden Blicks auf die eigene Wirklichkeit erlaubt es, zeitgenössische Strukturen ungeschönt und ohne Rücksicht auf die semantischen und argumentativen Konventionen der Zeit bloßzustellen.

Niccolò Machiavelli (1469–1527) konnte auf den breiten politischen Diskurs der italienischen Renaissance zurückgreifen. Italiener gehörten zur ersten Riege der Humanisten, von Petrarca angefangen bis zum Florentiner Leonard Bruni (etwa 1369–1444). Doch zu ihren philologischen Interessen traten vor allem historische, die sie nicht nur an der antiken Vergangenheit, sondern an der ihrer politischen Heimatstädte erprobten. Bruni trat als Philologe durch die Übertragung der aristotelischen «Ökonomie», der «Nikomachischen Ethik» sowie der «Politik» ins Lateinische hervor. Sie gingen hinter das mittelalterliche Latein (etwa die frühe Übersetzung der «Politik» durch Wilhelm von Moerbeke, einen Schüler von Thomas von Aquin) zum klassischen Latein zurück, vermittelt durch bekannte und wiederentdeckte Schriften und Briefe Ciceros. Mit der Neurezeption Ciceros entdeckten die Philologen aber auch die republikanische Welt der magistratischen Selbstregierung wieder, die der stadtstaatlichen Selbstregierung der oberitalienischen Städte in vielem glich und für diese nun zum Vorbild wurde. Die Summe der in solcher Selbstregierungstätigkeit geschulten politischen Praxis (dem *vivere politiche* oder der *vita civile*) wurde in historischen Werken zur oberitalienischen Stadtgeschichte gezogen. Bruni verfasste 1410 sogar eine Geschichte des florentinischen Volkes («Historiarum Florentini Populum libri XII»). Machiavelli stellte sich mit seiner «Florentinischen Geschichte» in diese Tradition, als deren Gegenstand er das *vero vivere libero e civile* bezeichnete (III 5).

Machiavelli trat 1498 in die Dienste der Florentinischen Republik, die gerade die Medici-Vorherrschaft und die kurzzeitige Herrschaft des Mönchs Savonarola abgeschüttelt hatte. Er war Sekretär der 2. Kanzlei (Inneres), später zusätzlich Sekretär des Rates der Zehn (Außenpolitik und Verteidigung) und unternahm für die Republik Gesandtschaftsreisen, wobei die Berichte, die er hierzu anzufertigen hatte, ihn in der trockenen Prosa politischer Analytik und Prognostik übten. Die 1512 zurückgekehrten Medici verhafteten zahlreiche Republikaner, darunter Machiavelli, der nach erfolgter Generalamnestie in die Verbannung musste. Nach dem kurzzeitigen Sturz der Medici wies der Große Rat 1527 Machiavellis Bewerbung auf seinen alten Sekretärsposten zurück. Er starb wenige Tage später verbittert auf seinem Landgut bei San Casciano.

In die Zeit der Verbannung fällt die Abfassung der beiden Hauptwerke Machiavellis, der «Discorsi» und des «Il Principe».

Zwischen dem «Il Principe» und den «Discorsi» zeigt sich die Bandbreite von Machiavellis Denken. «Il Principe» legt es nahe, in Machiavelli den berühmt-berüchtigten Machiavellisten zu sehen, also den Namensgeber für eine Form äußerster Realpolitik, die alle Probleme, von der Ethik bis zur Verfassungspolitik, alleine unter dem Gesichtspunkt der Machterhaltung betrachtet. Die «Discorsi» verorten Machiavelli dagegen im Diskurs des Republikanismus. Hier zeigt sich Machiavelli um Gründung und Erhaltung der kollektiven Freiheit einer Bürgerschaft besorgt, die sich nicht scheuen soll, hierzu auf machtpolitische Maßnahmen zurückzugreifen.

Machiavellis Zeitgenossen diskutierten Verfassungsfragen, ausgelöst durch die jüngsten Regierungswirren und motiviert durch die Frage, wie die wiedererrichtete Florentiner Republik dauerhaft erhalten werden konnte. Sollte man beispielsweise die venezianische oder die altrömische Republik zum Vorbild nehmen? Das populare Regime des Predigers Savonarola, der aus den Florentinern ein gottgefälliges Volk hatte machen wollen, dadurch aber die überforderte Bürgerschaft in die Arme der Medici trieb, warnte davor, blind auf die Tugendhaftigkeit der Bürgerschaft als vermeintlichem Kern der Republik zu setzen. Um solche und ähnliche Grundsatzfragen zu erörtern, verfasste Machiavelli die «Discorsi» (spätestens 1519 abgeschlossen, 1531 veröffentlicht). Die Arbeit hierzu unterbrach er, um von Juli bis Dezember 1513 den «Il Principe» in einem Zug zu schreiben.

Die Güte einer politischen Ordnung hängt nach Machiavelli nicht von der formalen Verfassungsstruktur ab. Er brach mit der aristotelischen Tradition, wenn er die situationsgegebenen Notwendigkeiten in den Mittelpunkt der Analyse stellte. Bürgerkriege, Notstände, Machterhaltungskämpfe waren für ihn keine Störungen des guten Lebens, sie machten das politische Leben aus. Im «Il Principe» verwendete Machiavelli gleich im ersten Satz den Ausdruck *stato* als allgemeinste Bezeichnung für alle Regierungsformen. «Stato» steht im Zusammenhang mit der Erhaltung und Bewahrung der politischen Ordnung. Das eigentlich vom römischen Ausdruck «status» stammende Wort, wie noch heute im Wort Statistik erkennbar, bezieht sich zunächst neutral auf jede Ordnung. Das, was allen politischen Ordnungen gemeinsam sei, den freiheitlichen wie den tyrannischen, sei das Wesen des Politischen. In einem Brief an seinen Freund Francesco Vettori nannte Machiavelli seinen Ansatz «ragionare dello stato» bzw. «studio all'arte dello stato» (Briefe vom 9. April und 10. Dezember 1513). So wurde Machiavelli der Ausgangspunkt eines neuen Verständnisses von Politik. Den Begriff der Staatsräson hat zwar erst Giovanni Botero bekannt gemacht («Della Ragion di Stato» 1589), doch Machiavellis Ansatz war Ausgangspunkt dieser Betrachtungsweise. Die Politik wird nach den ihr eigenen Gesetzmäßigkeiten befragt, sie ist nicht Mittel zur Verwirklichung von Ordnungsvorstellungen, die normativen Zielen außerhalb ihrer selbst gehorcht. Machiavelli löste damit endgültig die Politik aus der Umklammerung der Ethik, worunter er vor allem die christlich geprägte Ethik verstand und ihre spezifische Interpretation der Antike.

Was der überkommenen Ethik als Verschlagenheit, List, Intrigenhaftigkeit und insgesamt als amoralische Prinzipienlosigkeit erschien, war für Machiavelli Inbegriff der politischen Klugheit. Dies einzusehen gehöre zu den Grundvoraussetzungen aller Politiker, ob der bürgerschaftlich gewählten oder der illegitim in ihre Machtstellung gelangten. Letztere behandelt «Il Principe». Die hier diskutierten Machtmittel gelten nur für Alleinherrschaften *(principati)*, die sich wiederum in ererbte und neu begründete unterteilen. Ererbte Alleinherrschaften seien machtpolitisch unproblematisch, der Machterhalt falle leicht. Machiavelli interessierte sich für die neu begründeten Alleinherrschaften (Kapitel 2–11), die instabil und deren Erhalt prekär sei. Die Kapitel 12–14 beschäftigen sich mit der *virtù* und die Kapitel 13–23 mit den Mitteln der Machterhaltung. Das Schlusskapitel 26 fordert leidenschaftlich dazu auf, Italien als politische Einheit zu begründen, und zwar mit Hilfe einer überragenden Herrscherpersönlichkeit, die aber nicht benannt wird.

Machiavellis Tugendbegriff meint die Fähigkeit zur klugen Reaktion auf sich wandelnde Situationen: die zu ihrer Bewältigung nötigen *(necessità)* Maßnahmen zu erkennen und ungetrübt durch ethische Vorhaltungen auch konsequent durchzusetzen. Weder gegebene Versprechen noch Menschlichkeit oder religiöse Einwände dürften den neu an die Macht gekommenen Fürsten davon abhalten, sich wechselndem Glück bzw. Schicksal *(fortuna)* und Wandel der Umstände anzupassen. Er müsse versuchen «vom Guten so lange nicht abzulassen, wie es möglich ist, aber sich zum Bösen zu wenden, sobald es nötig ist *[necessitato]*» («Il Principe» Kap. 16).

Der Umgang mit Notwendigkeiten war kein von Machiavelli erfundenes Thema. Sophokles lässt eine Figur sagen: «Aber Gewalt nötigt mich, dies zu tun» (Elektra 256), was Aristoteles als Beispiel für die Gewalt der Notwendigkeit zitierte («Metaphysik» 1015 a). Im Notstand sind Akteure in einem tragischen Dilemma gefangen. Für Machiavelli zeigte sich in solchen Situationen am klarsten, was grundsätzlich vom Politiker gefordert ist: Nüchtern die gegebene Situation zu erfassen und unbeeindruckt von sachfremden (ethischen, moralischen, konventionellen, legalen) Erwägungen die nötigen Handlungsweisen zu ermitteln und auch anzuwenden.

Machiavelli lehnte übernatürliche Erklärungen für historische Abläufe grundsätzlich ab («Il Principe» Kap. 12). Ihm war aber klar, dass nicht alle Situationen vorhersehbar sein können und oft kontingente Konstellationen den Ausgang einer Konfrontation unterschiedlicher Akteure entscheiden können. Was früher als göttlicher Eingriff in das weltliche Geschehen interpretiert wurde, nannte Machiavelli schlicht «Fortuna». Ein Politiker müsse mit ihr rechnen, sie könne die Grenzen seiner Möglichkeiten aufzeigen, sie könne aber als Gelegenheit zu neuen Handlungen auch eine Chance sein. Die Gelegenheit *(occasione)* zu erkennen und ohne zu Zögern auszunutzen, gehört zu den von Machiavelli am meisten hervorgehobenen Aspekten der politischen *«virtù»*.

Die im «Il Principe» aufgestellten Grundsätze gelten für die Politik im Allgemeinen, auch für die freiheitliche Republik, die Machiavelli in den «Discorsi» in das Zentrum seiner Überlegungen stellte. Auch hier müssten verantwortliche Politiker unter Umständen Maßnahmen ergreifen, die zur Sicherung der Freiheit nötig seien. Der Machterhalt der Bürgerschaft in einer Republik erfolge aber unter ganz anderen Rahmenbedingungen als in einer illegitim erworbenen Alleinherrschaft. Die Bürgerschaft habe ihre Machthaber erwählt und werde sich mit ihnen anders verbunden fühlen als in einer Alleinherrschaft. Die Fähigkeiten einer Bürgerschaft zur Selbstregierung könnten jedoch sehr unterschiedlich ausgeprägt sein. Die Tugendhaftigkeit der Regierten, nötige Gesetze anzuerkennen und freiwillig zu befolgen, könne erlahmen, die Tugend erodieren. Dazu zählten Luxus und Egoismus, aber auch die Überforderung der Bürgerschaft mit maßlosen Tugendzumutungen, wie sie Machiavelli am Beispiel der Priesterherrschaft Savonarolas erörterte («Il Principe» Kap. 6). Daraus schloss Machiavelli, dass Politiker ihre Gesetzgebung an das vorhandene Ausmaß an Tugend in einer gegebenen Bürgerschaft anpassen müssten. Politiker müssten davon ausgehen, dass Menschen «schlecht sind und dass sie stets ihren bösen Neigungen folgen, sobald sie Gelegenheit dazu haben» («Discorsi» I 3).

Tugend könne aber geschult werden, etwa im Milizsystem, in welchem die Bürger lernten, ihre politische Ordnung zu verteidigen. Erzieherisch wirke auch die Partizipation an der Gesetzgebung. Tugend entstehe durch gute Vorbilder, gute Vorbilder entstünden durch gute Erziehung, gute Erziehung durch gute Gesetze und gute Gesetze schließlich durch Parteikämpfe («Discorsi» I 4). Die von den meisten Zeitgenossen Machiavellis gefürchteten Parteikämpfe in den von Bürgerkriegen gezeichneten Städten Italiens können seiner Ansicht nach positive Effekte haben, wenn sie revitalisierend wirken und integrativ erfolgen.

In einer Republik sind Gewaltmittel zur Erhaltung der Verfassung zwar weniger häufig, aber sie sind keineswegs ausgeschlossen. Machiavelli nannte vor allem zwei Situationen, in welchen freiheitliche Politiker genauso rücksichtslos und kompromisslos agieren müssen wie er es Alleinherrschern empfahl: die Bekämpfung von Feinden der Republik und kriegerische Ausnahmesituationen. Für Machiavelli regeln kluge Gesetze nicht nur den Normalfall des friedlichen Lebens, sondern auch Maßnahmen für außergewöhnliche Krisenzeiten. Er folgte dem römischen Vorbild, wenn er die Diktatur als Mittel der Freiheitssicherung in extremen Situationen empfahl («Discorsi» I 33–34). Damit ist die zeitweise Übertragung fast uneingeschränkter Vollmachten auf einen Amtsträger gemeint. Die Diktatur suspendiert nur die Gesetze, ändert sie nicht. Solche Gesetze müssen beraten und eingeführt werden, bevor die Situation vorliegt, die sie regeln soll. Gesetze im Augenblick allgemeiner Furcht zu ändern mindert nur jede gesetzliche Bindungskraft.

Machiavellis «Il Principe» wurde zunächst als technische Gebrauchsanweisung zur moralisch ungezügelten Machterhaltung gelesen. Der konfessionelle Bürgerkrieg mit seinen teilweise barbarischen Attentaten und Blutgemetzeln (Bartholomäusnacht) in Frankreich in der zweiten Hälfte des 16. Jahrhunderts wirkte auf Zeitgenossen wie eine Illustration dessen, was Machiavelli beschrieben hatte. Jetzt erst wurden seine Bücher vermehrt übersetzt und intensiv rezipiert, sein Name wurde zum Synonym für eine amoralische, zynische Machtausübung. Eine Versachlichung setzte erst wieder ein, als die Kosten des konfessionellen Bürgerkrieges offenbarten, dass eine moralische oder auf Gerechtigkeitsannahmen beruhende Bewertung politischer Vorgänge Konflikte eher verlängerte als abkürzte. Mit dem neu einsetzenden Realismus des Staatsräson-Diskurses und des Neo-Stoizismus (Justus Lipsius) am Ende des 16. und zu Beginn des 17. Jahrhunderts wurde dann auch Machiavellis Leistung wieder anerkannt.

Machiavelli sprach von *stato,* aber er hatte noch keinen Begriff von moderner Staatlichkeit und der bei ihr zentralisierten politischen Macht. Morus dagegen imaginierte sich die Möglichkeit einer perfekten, allmächtigen Staatlichkeit und ließ erahnen, was daraus an totaler Reglementierung des Lebens folgen mochte. Der Florentiner wollte den Primat des Politischen, der Engländer warnte vor ihrer Allmacht.

4. Thomas Hobbes, John Locke und der neuzeitliche Kontraktualismus

Wenige Dekaden nach Machiavelli setzte Jean Bodin Machiavellis Forderung nach dem Primat des Politischen mit Hilfe des Souveränitätsbegriffs um («Six livres de la république» 1576). Der Begriff der *supremitas,* der im mittelalterlichen Streit zwischen Papsttum und Kaisertum ein Ausdruck für die Frage nach dem Vorrang von Politik oder Kirche gewesen war, wurde nun zum zentralen Strukturmerkmal politischer Ordnungen. Thomas Hobbes (1588–1679) stellte die Souveränität als Inbegriff der Kompetenzfülle des Machthabers in den Mittelpunkt seiner politischen Theorie. John Locke (1632–1704) dagegen erklärte nicht den Machthaber für souverän, sondern das Volk. Hobbes wollte mit der Souveränität des Machthabers das zentrale Problem seiner Zeit lösen: die dauerhafte Beendigung des Bürgerkrieges. Locke dagegen sah in dem Anspruch auf absolute Souveränität des Machthabers die Quelle des Machtmissbrauchs.

Zwillinge habe seine Mutter zur Welt gebracht, berichtete Hobbes in seiner Autobiographie, ihn selber und die Furcht, als er 1588 in den Tagen der Bedrohung Englands durch die spanische Armada zur Welt kam. Hobbes wollte sagen, es sei ihm bereits in die Wiege gelegt worden, was er später zum Ausgangspunkt seiner politischen Theorie erhob: die Furcht. Er erlebte den englischen Bürgerkrieg und folgte der Königsfamilie in das Exil, wo er sein Hauptwerk, den «Leviathan» schrieb (1651 veröffentlicht). In vier Büchern legte Hobbes hier ein Modell vor, welches das Verhältnis von Individuen untereinander (Buch 1), des Individuums zum Staat (Buch 2) und des Staates zur Kirche (Bücher 3 und 4) diskutiert. Die Intensität von Hobbes' Beschäftigung mit dem Verhältnis von Kirche und Staat spiegelt das zeitgenössische Problembewusstsein im Zeitalter der konfessionellen Bürgerkriege wider, das in Frankreich Mitte des 16. Jahrhunderts begonnen hatte, das 1618 den

30-jährigen Krieg wesentlich verursachte und schließlich auch im englischen Bürgerkrieg von 1642–1649 eine wesentliche Rolle spielte. Hobbes gestand dem Souverän alle Macht zu, auch die Macht, die grundlegenden Inhalte der Religion zu bestimmen, insbesondere das öffentliche Bekenntnis festzulegen. Dem Individuum beließ Hobbes das innerliche Gewissen. Das wurde von Zeitgenossen als tyrannischer Machtanspruch gewertet. Hobbes wollte in einer Zeit zu befürchtender permanenter Kriege eine radikale Lösung anbieten. Tyrannisch erschien ihm seine Lösung schon deswegen nicht, weil seinem Modell nach die Individuen dieser Lösung freiwillig zustimmen. Das dabei entfaltete Argument begründete den Kontraktualismus.

Laut Hobbes ist allen Menschen die Furcht gemeinsam. Furcht bestimme das Verhalten des Menschen nicht erst, wenn eine objektive Bedrohung gegeben sei, sondern wenn er subjektiv eine mögliche Bedrohung vor Augen habe, wobei es der Mensch selbst sei, der für den Menschen am gefährlichsten ist *(homo homini lupus):* Auch der mächtigste Tyrann könne nicht davor sicher sein, ermordet zu werden. Es herrsche ein Krieg eines jeden gegen jeden *(bellum omnium contra omnes)*. Die Furcht voreinander treibe den Menschen dazu an, Sicherheit zu suchen, wozu er mehr Macht anstreben muss, um für alle Fälle gerüstet zu sein. Das führe zu einer Spirale der Aufrüstung, die wiederum nur das Bedrohungspotential steigere. Das menschliche Leben «ist einsam, armselig, ekelhaft, tierisch und kurz» («Leviathan» Kap. 13).

In einer solchen Situation, die Hobbes «Naturzustand» nennt, haben alle Menschen ein Naturrecht auf alles, aber da dies wiederum alle haben, verschafft das Recht keine Sicherheit, wenn es nicht eine Macht gibt, die das Recht garantiert. Aus diesem Dilemma führt laut Hobbes nur der Verzicht aller auf dieses Recht. Mittels eines Gesellschaftsvertrags begründen Menschen in Hobbes' Modell einen Machtapparat, auf den sie ihre Rechte übertragen, der aber nicht seinerseits rechtlich gebunden ist. Der Souverän, von Hobbes auch Leviathan genannt (ein der Bibel entnommenes Bild: Hiob 41, 24), verfügt über alle Möglichkeiten und Mittel, die Sicherheit, die zu schaffen er eingesetzt wurde, auch effektiv zu gewährleisten. Die von Menschen geschaffene politische Ordnung, deren Hauptmerkmal darin besteht, dass sie keiner anderen Macht unterworfen oder ihrem Urteil ausgesetzt ist, kann man «Staat» nennen, man muss sich aber hüten, mit diesem Wort den modernen Anstaltsstaat mit seinem gewaltigen Verwaltungsapparat in Verbindung zu bringen.

Die politische Ordnung ist bei Hobbes nach innen wie nach außen souverän. Souveräne Staaten befinden sich untereinander im Naturzustand; nur eine übergeordnete souveräne Macht würde diesen Zustand beenden können, was aber das Ende der Souveränität der einzelnen Staaten zur Folge hätte. Die zwischenstaatlichen Versprechen sind wertlos, ein Völkerrecht lehnt Hobbes ab. Nach innen verfügt der Staat über alle legislativen und exekutiven Gewalten und ist völlig frei und unkontrolliert in ihrer Ausübung.

Unter Naturzustand und Gesellschaftszustand haben wir uns also keine historische Abfolge in der Entwicklung der menschlichen Vergesellschaftung vorzustellen, sondern unterschiedliche Aggregatzustände der Gesellschaft. Souveräne Macht schaffe eine zivilisatorische Insel, in welcher das Individuum Sicherheit genieße. Außerhalb dieser Inseln herrsche der Naturzustand. Hobbes beschrieb mit dem Natur- und Gesellschaftszustand den Gegensatz von Anarchie und Ordnung. Der Staat ist bei ihm gerechtfertigt, schon weil er Ordnung herstellt. Erst die Ordnung gewähre ein lebenswertes Leben, in welchem langfristige Güter geschaffen würden. Ohne echte souveräne Staatsgewalt herrsche wenigstens latent Anarchie, was angesichts der von Hobbes unterstellten Verletzlichkeit des individuellen Menschen das größte Übel darstellt.

Wie bei jedem Individualismus wird kooperatives Verhalten bei Hobbes zum Problem und seiner Ansicht nach nur durch die Schaffung künstlicher Körper wie dem Staat ermöglicht. Sie würden vom Menschen gebildet, und zwar durch sprachliche Festlegungen, wie überhaupt alle gesellschaftlichen Dinge nur aufgrund ihrer sprachlichen Definition bestimmt seien. Alle gesellschaftlichen Werte seien sprachliche Festlegungen durch Menschen und variierten zwischen Menschen, seien also das Ergebnis von Konventionen. Darin liege aber auch das Bedrohliche der Sprache. Hobbes reiht in die lange Liste der souveränen Machtmittel des Staates auch die Aufsicht über die Universitäten ein, um die Sprache kontrollieren zu können. Nichts habe stärker Bürgerkriege provoziert als die Verbreitung der Freiheitslehren von Aristoteles und Cicero («Leviathan» Kap. 21). Die Sprache könne die Ordnung bedrohen und müsse sich ihr daher fügen. Sprache schaffe auch Werte. Für Hobbes sind alle Güter und Werte gesellschaftlich bedingt. Selbst der Mensch habe keinen Wert außerhalb der Gesellschaft: Hobbes bemerkte mit entwaffnender Nüchternheit, der Wert des Menschen sei sein Preis, also die subjektive Bewertung durch andere Menschen («Leviathan» Kap. 10).

Der Leviathan ist mit äußerster Kompetenzfülle ausgestattet. Immerhin erlischt nach Hobbes die Verbindlichkeit des Vertrages zwischen dem Einzelnen und dem Staat, wenn das Leben des Einzelnen bedroht ist. Der Staat dürfe daher den Einzelnen nicht zur Wehrpflicht zwingen und ihn so der Gefahr des Todes aussetzen, ferner sei ein zum Tode verurteilter Verbrecher auch nicht mehr an den Vertrag gebunden. Doch ansonsten unterliege jede Regelung dem Staat. Eine solche Kompetenzfülle des Staates macht es zweifelhaft, wieso Menschen sie überhaupt wünschen sollten, könnte sie sich doch gegen jeden Menschen richten. Aber Hobbes empfahl, im Zweifel zu überlegen, welcher Zustand bedenklicher sei: der Naturzustand mit seiner absoluten Unsicherheit, in welcher jeder jedem gefährlich ist, oder der Gesellschaftszustand, in welcher nur Gehorsam gegenüber einer einzigen Instanz geschuldet wird. Hobbes konnte die gelegentliche Willkür des Souveräns nicht ausschließen, hielt sie aber für leichter kalkulierbar als die Bedrohung durch alle anderen. Diese kalkulierende Rationalität von Gewinn- und Verlustrechnung an Stelle einer Beurteilung nach prinzipiellen Maßstäben zeichnet Hobbes' Denkweise aus.

Es lag nahe, Hobbes zu bezichtigen, Anhänger des fürstlichen Absolutismus zu sein, aber er wollte nicht einfach jeden bestehenden Staat legitimieren, sondern ein besonderes Verhältnis zwischen Individuum und Staat konstruieren. Seiner Theorie zufolge musste die Macht des souveränen Staates nicht in den Händen einer einzelnen Person liegen, sondern konnte auch von einer Versammlung wie dem Parlament wahrgenommen werden. Hobbes bevorzugte nur aus pragmatischen Gründen die Einheitlichkeit der Gewaltausübung und deshalb die Einpersonenlösung. Ferner verliert der Souverän bei Hobbes jeden Schein der Sakralität, der ihm durch die Person des gesalbten Fürsten auch noch in der Neuzeit anhing. Der Souverän sei durch den Willen aller anderen Individuen eingesetzt und beziehe von diesen seine Macht. Die Menschen seien untereinander gleich: ihre subjektive Wahrnehmung zähle. Die staatlichen Gesetze seien auch nicht gültig, weil sie gerecht oder durch unvordenkliche Tradition legitimiert seien, sondern weil der Staat über die Macht der Rechtsetzung und Rechtsdurchsetzung verfüge, nicht mehr und nicht weniger. Hobbes sprach ausdrücklich der Kirche jede Kompetenz der Bewertung von Politik ab. Der Souverän dürfe vielmehr festlegen, was als verbindliche Religion gelten solle. Die Menschen müssten aber auch nicht an die verordnete Religion glauben, sie müssten sich als Zeichen ihres Gehorsams nur öffentlich zu ihr bekennen (*belief* und nicht *faith*), also ohne alle innere Anteilnahme.

Auch John Locke sprach von Souveränität und Gesellschaftsvertrag, wollte aber jeglichen Absolutismus ausschließen. Er entstammte einer wohlhabenden puritanischen Familie und war zunächst praktizierender Arzt. Seine philosophischen Interessen schlugen sich in seiner Arbeit «Über den menschlichen Verstand» nieder, einem Markstein aufklärerischer Erkenntnistheorie. Locke war als Sekretär und Vertrauter von Lord Ashley, dem späteren Earl Shaftesbury, auch in der Politik tätig. Shaftesbury opponierte die regierende Hofpartei und bekämpfte Katholizismus und Royalismus, die nach der Restauration von 1660 in England wieder Fuß gefasst hatten. Lockes politische Theorie in den «Zwei Abhandlungen über die Regierung» von 1690 kann als eine Grundlegung der Prinzipien dieser Oppositionspolitik gelesen werden.

Locke übernahm Hobbes' Kategorien, unterschied zwischen Natur- und Gesellschaftszustand, definierte die politische Ordnung mit Hilfe der Souveränität und widersprach dem Hobbes'schen Modell dennoch vehement. An Stelle der Sicherheit setzte Locke das Eigentum *(property)* als Ziel der Einsetzung aller politischen Ordnung. Der Begriff des Eigentums meint bei ihm aber weit mehr als nur materielle Güter; er umfasst auch das Leben und die Freiheit des Individuums. Zum Schutz und zum Gedeihen des Eigentums, einschließlich der persönlichen Freiheit, sei der Staat begründet worden. Damit er sich nicht gegen die Bürger richte, solle seine Souveränität geteilt werden.

Das Eigentum ist bei Locke ein sehr anspruchsvoller Begriff und hat sowohl theologische, ökonomische wie ethische Dimensionen. Für ihn besteht der Naturzustand nicht aus reiner Anarchie. Die Natur und in ihr der Mensch seien göttliche Geschöpfe und erhielten dadurch ihren Wert. Der Mensch habe Eigentum an sich selbst und könne nicht darauf verzichten, er dürfe sich weder umbringen noch versklaven. Locke erkennt kein Eigentum des Menschen über andere Menschen an, was nicht nur die Sklaverei verbietet, sondern auch ungerechtfertigte politische Herrschaft, die als Willkür-Herrschaft über andere verfügt wie über Sklaven.

Das gemeinsame Eigentum an der Natur, das Gott den Menschen gegeben habe, verteile sich individuell unterschiedlich durch die Arbeit, die der Einzelne an der Natur verrichte. Arbeit übertrage Eigenes auf die Natur und mache sie so erst zu individuellem Eigentum, woraus der Anspruch erwachse, andere hiervon auszuschließen. Lockes berühmtes Beispiel ist das Schöpfen des Wassers, das auf dem Markt verkauft wird: «Das Wasser ist allen gemein, aber wer mit dem Krug Wasser aus dem Bach schöpft, der darf ein Eigentum an diesem Wasser in seinem Krug beanspruchen» («Regierung» II 27). Die Arbeit schaffe auch den Wert der Sachen, wobei Locke hier insbesondere an die Kultivierung des Bodens denkt. Die Arbeit bestimme ferner den Umfang des Eigentums, das eine Person haben kann. Hier kommt die ethische Dimension des Eigentumsbegriffs zum Vorschein, eine Ethik der Arbeit und eine daran anknüpfende Bewertung des Menschen. Locke sprach den amerikanischen Ureinwohnern aufgrund mangelnder Kultivierungsleistung einen Eigentumsanspruch auf Land ab und legitimierte auf diese Weise die Kolonisierung. Seine politische Ordnung ist eine Ordnung von und für Eigentümer, die Armen sind aus seinem Bürgerbegriff ausgeschlossen, sie erfreuen sich jedoch an den Leistungen der Zivilisation und dürfen sich deshalb glücklicher schätzen als ein Häuptling in der Wildnis Amerikas (II 41).

Die Erfindung des Geldes verletzt nach Locke die ethische Dimension des Arbeitsbegriffs. Nun könne nämlich der mit Arbeit geschaffene Wert von der konkreten Arbeit abgelöst und grenzenlos angehäuft werden. Das erzeuge eine Asymmetrie zwischen den Menschen als größeren und kleineren Eigentümern samt der damit verbundenen Machtpotentiale. Auch die Arbeitsteilung schaffe Probleme, da hier die Zuordnung von Naturgütern zu bestimmten Personen immer schwerer falle.

Die Eigentümer errichteten daher konsensual eine Regierung, die mit Hilfe von Gesetzen die sozialen Konflikte lösen und zugleich das Eigentum nach innen wie nach außen schützen soll. Hierzu formulieren sie laut Locke einen Gesellschaftsvertrag, der die Rechte und Pflichten sowie die Organisation der Regierung regelt. Die Eigentümer übertragen darin einen Teil ihres Eigentums auf die Regierung in Gestalt von Steuern, um die von den Eigentümern festgelegten Ziele zu verwirklichen. Diese Ziele (Gemeinwohl) sind per Gesetz festgelegt (II 131).

Der Gesellschaftsvertrag legt die innere Organisation der Regierung fest. Die Regierungsgewalt ist zur Vermeidung unnötiger Machtkonzentration und wegen der Neigung des Menschen zur Machtgier in drei Zweige gegliedert: Legislative, Exekutive und Föderative (II 143). Locke gibt darin dem Parlament die Schlüsselstelle: Nur die Legislative könne verpflichtende Gesetze erlassen (II 134). Diese müssten allgemein sein, d. h. für jedermann gelten, Einzelfallregelungen seien ausgeschlossen (II 136). Die Legislative sei der von den Menschen eingesetzte Richter zur Entscheidung aller Kontroversen zwischen den Bürgern (II 89). Eine hiervon unabhängige Judikative kennt Locke nicht. Die eigentliche Machtausübung erfolgt bei ihm durch die Exekutive. Um auch hier Machtmissbrauch zu vermeiden, trennt Locke nach innen- und außenpolitischer Regierungsgewalt. Die eigentliche Exekutive übernimmt die Ausführung der Gesetze, ihr Handeln ist bezüglich Inhalt und Grenzen an die Gesetze gebunden. In der Außen- und Bündnispolitik sieht Locke das freie Ermessen als Voraussetzung der kollektiven Handlungsfähigkeit (II 144–148). Die entsprechende Kompetenz liegt in der Hand der Föderative.

Die Verpflichtungskraft des Gesellschaftsvertrages ist bei Locke individuell und beruht auf Zustimmung *(consent)*. Daraus folgert Locke, dass jeder nur sich selbst verpflichten kann und der Vater seinen Sohn nur so lange, bis dieser imstande ist, freie Urteile zu fällen. Die stillschweigende Zustimmung *(tacit consent)* binde allerdings auch: Der bloße Aufenthalt in einer politischen Ordnung sei genügender Ausdruck des Willens, sich ihren Gesetzen zu unterwerfen. So rechtfertigt Locke auch die Besteuerung von Nichtbürgern. Die Pflicht zum Gehorsam gelte für alle Anwesenden, sie könnten aber nicht alle gleichermaßen an der Gesetzgebung als Bürger teilnehmen, noch im gleichen Maße wie die Bürger zur Verantwortung und zur Mitwirkung herangezogen werden. Der Besitz von Gütern ist nach Locke auch *tacit consent* zu den Gesetzen des Landes (II 119).

Lockes politische Perspektive auf die Religion zeigt sich in der Frage der Toleranz. In seinem berühmten «Brief über Toleranz» von 1689 behandelte er die zeitgenössisch drängende Problematik, ob eine bestimmte Konfession Voraussetzung für die Übernahme staatlicher Ämter sei. Er plädierte für Toleranz gegenüber allen Konfessionen, so lange die Personen ihre Treue zur politischen Ordnung durch göttlichen Eid bekunden können. Diese Möglichkeit sah Locke nur bei Gläubigen der monotheistischen Religionen als gegeben an, nicht bei Atheisten, weshalb er Letzteren auch das Recht verweigerte, Ämter auszuüben, denn sie seien nicht vertrauenswürdig. Die Lockesche Toleranzidee läuft also nicht auf eine unterschiedslose Integration aller Glaubensrichtungen hinaus. Sie operiert hingegen mit dem

Begriff des Treueverhältnisses, der für seine Regierungstheorie bestimmend ist.

Ist die Gehorsamspflicht bei Locke also sehr ausgeprägt, so endet sie, wenn die Regierung den Gesellschaftsvertrag verletzt. Die Einsetzung der Regierung beinhaltet auch das Recht der Absetzung (II 240). Dieses Recht ist in Lockes Augen keineswegs ein Einfallstor für Anarchie. Regierende und Regierte sind durch das Band des Vertrauens *(trust)* miteinander verknüpft, das durch einzelne Vorfälle noch nicht erschüttert wird. Locke unterscheidet klar zwischen einer Rebellion aus partikularer Unzufriedenheit (die er verwirft) und einem allgemeinen Vertrauensverlust. Häuften sich die Vorfälle illegaler Regierungsakte, so werde am Ende das Vertrauen grundsätzlich erschüttert sein. Es liege jedenfalls in der Beurteilung des Volkes, ob es die Regierung in andere Hände legt oder eine neue Regierung begründet. Weiche die alte Regierung nicht, so bliebe nur der Appell an den Himmel, das aber sei nichts anderes als der Kriegszustand.

Der Unterschied zwischen Hobbes und Locke liegt nicht nur in der Ausgestaltung der politischen Ordnung, souverän und unkontrolliert dort und als gewaltenteiliges Vertrauensverhältnis hier, er liegt auch in der Grundkonstruktion: Hobbes sieht in der nicht- oder vorstaatlichen Sphäre menschlichen Handelns die Anarchie und kann sich eine stabile Ordnung nur durch ein staatliches Gewaltmonopol vorstellen; Locke dagegen sieht ordnende Strukturen bereits in der nicht- oder vorstaatlichen Sphäre menschlichen Handelns. Er thematisiert damit dasjenige, was im weiteren Verlauf der Ideengeschichte «Gesellschaft» heißt.

Hobbes und Locke stecken zwei opponierende Perspektiven auf Politik ab: Hobbes vertritt einen radikalen Individualismus und Positivismus, er lehnt übermenschliche Normen ab und sieht in jedem Bestreben, Gerechtigkeitsmaßstäbe politisch verwirklichen zu wollen, eine potentielle Bürgerkriegsdrohung. Locke dagegen stellt einige Prinzipien außerhalb der politischen Verfügung. Der moderne Gedanke der Unveräußerlichkeit der Menschenrechte bahnt sich hier an. Anders als viele moderne Ethiker der Menschenrechte scheute Locke nicht vor dem politischen Konflikt zurück. Den Konflikt sah Hobbes wiederum als Normalzustand sozialer Beziehungen, in welchen alle zurückfallen, wenn sie die zivilisatorische Leistung der Errichtung einer souveränen Staatlichkeit nicht mehr erbringen.

5. Montesquieu und Rousseau: Politik und Gesellschaft in der Aufklärung

Mit der Diskussion des Naturzustandes und der besonderen Bedeutung des Eigentums und der Arbeit für die Begründung und Einrichtung der politischen Ordnung bahnte sich bereits bei Hobbes und vor allem bei Locke eine neue Kategorie in der Politischen Theorie an, die in der Diskussion des 18. Jahrhunderts beherrschend wurde: die Gesellschaft als Hintergrund der Politik. Mit Locke setzt beispielsweise der Diskurs der «Politischen Ökonomie» ein, der bis zu Karl Marx reicht. Doch Gesellschaft besteht nicht nur aus Wirtschaft, sondern auch aus den gesellschaftlichen Umgangsformen und den sozialen Konventionen der Wertschätzung. Dieses kommunikative Verständnis dominierte die französische Diskussion der Aufklärung. Ihre herausragenden Vertreter waren Montesquieu und Rousseau. Adliger Abstammung oder vom Adel protegiert, verkehrten sie in den Salons, fanden publizistisch größte Aufmerksamkeit und konnten doch keinerlei Wirkung auf die Reformbestrebungen Frankreichs ausüben. Ihre eigentliche Wirkung zeigte sich erst, als sie in der Zeit der Revolutionen intensiv rezipiert wurden.

Charles Louis de Secondat de La Brède et Montesquieu (1689–1755) studierte das Recht und übte es am Parlament zu Bordeaux aus. Zahlreiche Reisen führten ihn u. a. nach Holland, Österreich und Deutschland und 1729–1731 nach England. Mit seinen «Lettres Persannes» von 1721, einer fingierten Schilderung der französischen Gesellschaft aus der Sicht eines persischen Gesandten, wurde er berühmt. Sein Hauptwerk ist aber «Vom Geist der Gesetze» von 1748, das schon zwei Jahre nach Erscheinen in die 22. Auflage ging.

Montesquieu beobachtete, dass in politischen Ordnungen trotz eines ähnlichen Gesetzeswortlauts die politische Praxis stark voneinander abwich und erklärte sich das mit den unterschiedlichen Sitten der Völker, ihren *mœurs*. Die sozialen und politischen Konventionen und Gewohnheiten der Menschen in die Regierungslehre einbezogen zu haben, stellt Montesquieus bleibende Leistung dar. Er ist in dieser Hinsicht einer der Begründer der politischen Soziologie bzw. der kulturwissenschaftlichen Politikwissenschaft. Unter dem Begriff der Sitten versammelte Montesquieu alle Einflüsse und Hintergründe, die die politische Praxis bestimmen. Die Gesetzgebung müsse die konkreten Sitten der Bevölkerung, welche durch Gesetze in ihrem Verhalten gelenkt werden soll, berücksichtigen, wolle sie nicht Gefahr laufen, ihr angestrebtes Ziel der Verhaltenssteuerung zu verfehlen oder gar nicht-intendierte Effekte zu verursachen. Zu den die politische Praxis prägenden Faktoren zählte Montesquieu u. a. das Klima, den Bildungsstand der Bevölkerung, die geographische Lage, die Religion und die politischen Gewohnheiten, sei es die Gewöhnung an freiheitliche Selbstregierung oder an despotische Fremdregierung. Die genannten Faktoren beeinflussen sich bei ihm wechselseitig. Im Ganzen müsse die Gesetzgebung einen moderaten, mittleren Weg zwischen all diesen Faktoren finden, um extrem einseitige Auswirkungen zu vermeiden und Stabilität zu erzeugen. Die Moderation bezeichnete Montesquieu als die eigentliche Lehre, die er im «Geist der Gesetze» verbreiten wollte (XXIX 1).

Doch Montesquieu blickte nicht nur auf die externen Rahmenbedingungen der Gesetze, er analysierte auch ihr Zustandekommen in politischen Institutionen. Hierbei unterschied er zwischen «Natur» und «Prinzip» einer Regierungsform: Ersteres meint die institutionelle Struktur, Letzteres die menschlichen Leidenschaften, die handlungsmotivierend wirken (III 1). Die Natur der Regierung beruht laut Montesquieu auf Form (Regierungskompetenz und Regierungsorganisation) und Ausübung der Regierung. Er kannte anders als Aristoteles nur drei

Regierungsformen, die republikanische, monarchische oder despotische. Zur republikanischen Regierungsweise zähle die Regierung des ganzen Volkes (demokratisch) oder einer Auswahl (aristokratisch). In der Monarchie regiere eine Einzelperson nach Gesetzen, während die Despotie durch die Willkür des Herrschers geprägt sei (II 1).

Der Natur der Republik entspreche ein kleines Territorium, eine Vorstellung, die die Ideengeschichte bis zu den «Federalist Papers» durchzieht. Montesquieu meinte, in großen Republiken müssten zu große Werte einzelnen Bürgern anvertraut werden, was die Korruption erleichtere (VIII 16). Große Territorien würden besser von Monarchen regiert. Montesquieu sah bei sehr großen Imperien sogar eine gewisse Rechtfertigung für despotische Regierungen, wenn Regierungsfähigkeit anders nicht gelingen könne. Sein Favorit waren aber föderale Republiken wie das zeitgenössische Holland oder die Schweiz (IX 1–3), wo sich die Stärke der inneren Regierung, begrenzt auf kleinere Territorien, mit der Verteidigungskraft großer Territorien nach außen vereint. Der Vorzug besteht auch in der hohen Flexibilität dieser politischen Ordnung: Ist eine Republik des Bundes von außen bedroht oder gerät sie in eine innenpolitische Krise, so wird sie von den anderen unterstützt. Mitglieder gehen verloren, neue können aufgenommen werden, ohne den Bund zu gefährden.

Die unterschiedlichen Aspekte des Regierens wie Wahl, Gesetzgebungsziele, soziale Lebensbedingungen sind laut Montesquieu eng miteinander verbunden, was am Beispiel der Demokratie demonstriert werden soll. Ihr handlungsmotivierendes Prinzip des Regierens sei die Tugend, in der Aristokratie dagegen sei es die Disziplin und die Ehre in der Monarchie. Demokratien setzten die Tugend der Bürger voraus, weil hier die Gesetzgeber nur ihren eigenen Gesetzen unterworfen seien und daher der Versuchung des Missbrauchs leicht erlägen (III 2). Montesquieu definierte allgemein die politische Tugend als Liebe zu den Gesetzen und als Patriotismus. Sie bedeute eine ständige Überwindung des eigenen Ichs, eine, wie er bemerkt, mühevolle und immerwährende Aufgabe (IV 5). In der Demokratie zeige sich diese Neigung als Liebe zur Gleichheit und zur Genügsamkeit (V 3). Nicht alle könnten das Gleiche leisten, so Montesquieu, aber alle seien solche Leistungen gleichermaßen schuldig. Die Liebe zur Genügsamkeit erleichtere die abverlangte Leistungsbereitschaft für das Gemeinwohl: Nur wenn man für das eigene Wohl nicht übermäßig sorge und keine privaten Reichtümer anhäufe, verbleibe ausreichend Leistungskraft für den Dienst an der Republik. Das setze aber wiederum eine gewisse Gleichheit der Vermögen voraus, wofür die Gesetze sorgen sollten. Ebenso sollten die Gesetze öffentliche Ehrungen vorsehen, um besondere Bürgerleistungen anzustacheln.

Bezüglich der Auslese der Regierenden passe das Losverfahren am ehesten zur Demokratie, da hier die Kontingenz alle gleich behandelt. Zugleich erkennt Montesquieu hier aber auch den größten Mangel der Demokratie: Sie dulde keine Unterschiede zwischen den Bürgern, auch nicht zwischen Regierenden und Regierten. Übertriebenes Gleichheitsstreben verhindere die Regierungsfähigkeit in der Demokratie, da die besondere Stellung der Amtsträger nicht mehr akzeptiert werde (VIII 2–3).

Das Regierungsziel der Demokratie ist laut Montesquieu die Schaffung gleicher Verhältnisse, was sich nicht mit dem Ziel der Sicherung von Freiheit deckt. Im Zusammenhang der Analyse einer auf Freiheit angelegten Regierungsform entwickelte er seine berühmte Gewaltenteilungslehre im 11. Buch des «Geistes der Gesetze» am Beispiel Englands (XI 6). Politische Freiheit setze Moderation und die Verhinderung von Machtmissbrauch voraus. Ein besonderes Arrangement von Institutionen, in welchem die Macht geteilt werde und sich gegenseitig in einer Balance halte, solle das gewährleisten (XI 4). In Lockes Gewaltenteilungslehre stand, wie später auch bei Rousseau, die Gesetzgebung im Mittelpunkt. Montesquieu sah aber auch seitens der Gesetzgebung die Gefahr des Machtmissbrauchs und wollte deswegen jede legislative Vormacht verhindern. In der englischen Verfassung habe man jede gefährliche Machtballung durch die Verteilung der Macht *(distribution des pouvoirs)* und ihre gegenseitige «Arretierung» verhindert. Mit Arretierung meinte Montesquieu den Zwang zur Kooperation, nicht ihre Verhinderung.

Die von unterschiedlichen Personen und Ständen (der Erbmonarchie, Adel und Bürgertum) besetzten Gewalten würden durch einen institutionellen Mechanismus zur Kooperation gezwungen. Montesquieu unterschied hierbei das Entscheidungsrecht vom Verhinderungsrecht (dem Veto). Gesetzgeberische Entscheidungen treffe nur die Legislative, doch der Exekutive stehe ein Veto zu. Montesquieu präferierte für die Exekutive eine einzelne Person aus Gründen der Einheitlichkeit der Entscheidungsbefugnis, die Legislative sollte aber in zwei Kammern aufgeteilt sein, einer vom Volk gewählten und einer dem Adel erblich zustehenden Kammer; Letztere hat aber kein legislatives Entscheidungs-, sondern nur ein Verhinderungsrecht. Die Exekutive habe das Recht zur Auflösung der Legislative, aber die Legislative solle den Haushalt nur für die Dauer eines Jahres gewähren, so dass die Exekutive gezwungen sei, die Legislative regelmäßig einzuberufen. Die Legislative habe keine Mitwirkung an der Exekutive, jedoch ein Kontrollrecht; die Inhaber der Exekutive könnten nicht von der Legislative abgesetzt werden, aber die Berater. Exekutive und Legislative dürften nicht an der Judikative beteiligt sein, aber Montesquieu formuliert Ausnahmen: Der Adel solle nur in der Adelskammer der Legislative verurteilt werden dürfen. Werde Bürgern Verrat vorgeworfen, sollten die Volksrepräsentanten die Klage führen. Schließlich solle die Legislative das Billigkeitsrecht haben, um die dem Wortlaut des Gesetzes verpflichteten Urteile des Gerichts abzumildern, wenn das formal strenge Recht zu ungerechten Ergebnissen komme, ein traditionell dem Monarchen zugesprochenes Privileg.

Doch auch in England wirkten weitere nicht-institutionelle Faktoren dabei mit, die Freiheit dauerhaft zu bewahren. Heißes Klima etwa versetze die Menschen in Schläfrigkeit, was politische Versklavung oder Tyrannei erleichtere; das englische Klima halte die Menschen dagegen in ständiger Erregtheit (XIV 13).

In Hinblick auf die Gesetzgebung bevorzugte Montesquieu die Wahl von Repräsentanten, da das Volk in seiner Gesamtheit außerstande sei, politische Fragen mit der gebührenden Sachkenntnis zu diskutieren (XI 6). Die Wahl ermögliche, im Gegensatz zum Los, die Auslese der Besten. Möge das Wahlvolk auch nicht immer imstande sein, die an und für sich Besten zu erkennen, so könne es doch unter den Kandidaten den relativ Besten ausmachen. Die Repräsentanten als gewählte Vertreter formten eine Aristokratie im Sinne einer Funktionselite, die nicht durch eine direkte Volksgesetzgebung zu ersetzen sei. Mit dem Begriff der Aristokratie meinte Montesquieu in aristotelischer Weise die Regierung der Besten im Unterschied zum sozialen Begriff des Erbadels *(noblesse)*. Doch auch der Adel habe eine politische Funktion, und zwar als vermittelnde Macht *(pouvoir intermédiaire)* in der Monarchie, wo ein vom König unabhängiger, wenn auch ihm nachrangiger Adel despotische Tendenzen verhindere.

In gewisser Hinsicht bildeten in der Republik die Repräsentanten auch eine vermittelnde Macht. Sie stünden nämlich zwischen dem Volk und der Regierungsmacht. Das lobte Montesquieu am englischen Wahlmodus. Wenn das Volk immer nur Repräsentanten des jeweiligen Ortes in das Parlament entsende, sei die Rechenschaftspflicht entsprechend verteilt; repräsentierten sie aber, wie in Holland, das Volk als Ganzes, seien sie ihm unvermittelt verantwortlich und neigten daher zum Populismus (XI 6).

Montesquieu formulierte, was dann in der anglo-sächsischen Sprache ein System von «checks and balances» genannt wurde und von keiner politischen Ordnung so beherzigt wird wie von den USA. Später sollte Tocqueville auf den Spuren Montesquieus wandeln, um die politische Kultur der amerikanischen Demokratie zu analysieren.

Jean-Jacques Rousseau (1712–1778) war Bürger von Genf, und auch wenn er sein Bürgerrecht wegen seiner Konversion zum Katholizismus verlor, so blieb die republikanische Ordnung seiner Heimatstadt prägend für sein politisches Denken. Er setzte sich ausführlich und auch kritisch mit der Genfer Verfassung auseinander («Briefe vom Berge» von 1764) und formulierte in seinem politischen Hauptwerk, dem «Gesellschaftsvertrag» von 1762, ein ideales Modell der Republik.

Rousseau verließ seine Heimatstadt 1728 und wirkte nach europäischer Wanderschaft hauptsächlich in Paris, wo er u. a. für das große Projekt von Denis Diderot, die «Enyzklopädie», Artikel verfasste. In der «Abhandlung über die Wissenschaften und Künste» von 1750 und der «Abhandlung über den Ursprung und die Grundlagen der Ungleichheit unter den Menschen» von 1755 formulierte er eine modernitätskritische Zivilisationstheorie. Die im Naturzustand praktizierte Sittlichkeit und natürliche Freiheit seien im Zuge der Vergesellschaftung verschiedenen Formen der Ungleichheit gewichen, die wiederum Unfreiheit verursachten. Die Einführung des Eigentums habe die ökonomische Ungleichheit von arm und reich geschaffen; die Einführung der Regierung die politische Ungleichheit zwischen Mächtigen und Schwachen. Mit der despotischen Gewalt sei die letzte Stufe der Ungleichheit erreicht, in welcher die Menschen einander wieder gleich seien, weil sie alle nichts seien im Vergleich zum Herrscher, de facto also Sklaven.

Auf dieser Grundlage ist politische Freiheit schwer erreichbar, sie bedarf der künstlichen Hülle der Republik, um revitalisiert werden zu können. Erst die Vereinigung zu einem politischen Körper gebe dem Individuum die Möglichkeit, seine gesellschaftliche Verwurzelung, die damit verbundenen Ungleichheiten und die partikulare Enge der Sonderinteressen zu verlassen, um als Bürger der Republik Teil einer Solidargemeinschaft zu sein, in welcher sich alle um die Bedürfnisse aller kümmerten. Aus dem Bourgeois solle ein Citoyen werden. «Jeder von uns unterstellt gemeinschaftlich seine Person und seine ganze Kraft der obersten Leitung des Gemeinwillens, und wir nehmen als Körper jedes Glied als untrennbares Teil des Ganzen auf» («Contrat social» I 6). Die Unterwerfung interpretierte Rousseau als Befreiung: Die individuelle Freiheit verlaufe nicht mehr anarchisch gegeneinander, sie beziehe sich als Teil der kollektiven Freiheit aufeinander. Der Mensch gehe im politischen Körper auf, um darin ein neues Dasein als politisches Wesen zu erhalten.

Der zu schaffende politische Körper bedürfe eines Allgemeinwillens, den Rousseau sowohl von den individuellen Willen wie von den Partikularwillen anderer gesellschaftlicher Körper unterschied. Wenn Rousseau als moderner Begründer der Volkssouveränität gepriesen wird, so darf man nicht übersehen, dass «Volk» für ihn nicht die Summe der sozialen Gruppen und Gemeinschaften und auch nicht die Summe von vereinzelten Individuen bedeutete, sondern die Bürgerschaft der Republik, die erst durch die republikanische Ordnung selbst hervorgebracht wird. Rousseau verlangte eine Transformation des Menschen zum Bürger, das Volk ist bei ihm nicht die Aggregation der Individuen, ihre Anhäufung. Hobbes und Locke hatten eine numerische Vorstellung von Mehrheit. Nach Hobbes werden die Einzelwillen einfach gezählt, die sich opponierenden Stimmen neutralisieren sich gegenseitig, der überzählige Rest steht für das Ganze. Bei Rousseau beteiligt sich das Individuum an der Abstimmung nicht zur Durchsetzung seines Willens, sondern zur Konstituierung des Allgemeinwillens. Seine Abstimmung sei ein Vorschlag, worin der Inhalt des Allgemeinwillens in einer bestimmten Frage bestehen könne. Zeige sich anschließend, dass die Mehrheit einer anderen Vorstellung anhänge, so erwachse daraus kein Gegensatz zur Minoritätsposition, Letztere habe sich vielmehr geirrt in der Vermutung, was der Allgemeinwille sei (IV 2).

Rousseaus Volk der Republik darf auch nicht mit dem Volk der Demokratie verwechselt werden, er ist kein Theoretiker der «direkten» Demokratie, weder sind Referenden vorgesehen noch eine andere unmittelbare Beteiligung an der Regierungsausübung. Die Mitwirkung des Volkes liegt ausschließlich in der Gesetzgebung. Die «Demokratie» als Regierungsweise lehnte Rousseau ausdrücklich ab (III 4), sie sei instabil, überfordere den Einzelnen und gebühre daher nur einem «Volk von Göttern», wenn es das denn gäbe.

Nur der Gesellschaftsvertrag verlange die Zustimmung der gesamten Bevölkerung, um bindend zu wirken. Rousseau hatte dabei die stadtrepublikanische Praxis vor Augen, nach welcher die Bürgergemeinde einmal im Jahr auf dem Marktplatz auf die grundlegenden Gesetze der Republik eingeschworen wurde. Er gab sich ansonsten auch mit der stillschweigenden Zustimmung zufrieden, die darin bestehe, dass man sich auf dem Territorium der Republik aufhält. Für die einfachen Gesetze stellte Rousseau folgende Faustregel auf: Je bedeutender das Gesetz und je mehr Fragen der Verfassung berührt seien, desto eher sollte die Einmütigkeit angestrebt werden. Andererseits: Je drängender die legislative Entscheidung sei, je größer die Notwendigkeit einer Regelung, desto legitimer seien allgemein bindende Entscheidungen, selbst wenn sie nur mit einer Stimme Mehrheit erzielt würden (IV 2).

Wie Montesquieu schlug Rousseau föderale Bündnisse von kleinen Republiken vor, um sich vor der zentralisierten Macht von monarchisch regierten Territorialstaaten zu schützen. Worin Rousseau entschieden von Montesquieu abwich, ist die Repräsentationsfrage (III 5). Der Mensch müsse Autor der Gesetze sein, welchen er sich unterwerfe. Würde er diese Aufgabe Repräsentanten überlassen, so gewöhnten sich die Bürger daran, im politischen Prozess dem Urteil von Spezialisten zu vertrauen. Die würden aber nur eine eigene soziale Gruppe mit einem eigenen Sonderinteresse formen, das, was später die politische Klasse genannt werden wird.

Die Tugend als Gemeinsinn sei die Voraussetzung von anhaltender politischer Partizipation. Soziale Homogenität, geringer Wohlstand und ein kleines Territorium bilden laut Rousseau günstige Rahmenbedingungen für die Ausbildung des Gemeinsinns. Er kannte vier Gesetzesbegriffe: die Staats- bzw. Grundgesetze *(loix politiques, loix fondamentales),* die Zivil- und Strafgesetze sowie die «Herzensgesetze», worunter er die Gewohnheiten und die öffentliche Meinung verstand. Letztere wären die wahren Verfassungsgesetze, weil sie in die Herzen der Bürger eingeschrieben seien (II 12). Es reiche nicht, die Republik mit den nüchternen Worten der Rechtssprache zu etablieren, sie müsse bei den Bürgern emotional verankert sein. Einrichtungen wie die Zivilreligion, eine von der Republik selbst begründete Religion, unterstützten den Transformationsprozess des Individuums zum Bürger. Rousseau nannte ferner die Erziehung. Dazu zählten neben der schulischen Unterweisung (die Bürger sollen die Fundamentalgesetze ihres Landes auswendig können), auch politische Festivitäten, welche die Existenz der Republik sinnlich erlebbar machten und die Identifizierung des Bürgers mit ihr erleichterten. Diese Vorschläge griffen die französischen Revolutionäre auf, beispielsweise mit ihrem Fest der Föderation auf dem Marsfeld.

Damit der Prozess der Transformation einsetzen könne, müsste die Republik bereits errichtet sein. Wer soll sie aber errichten, wenn die Menschen ja erst durch die Republik den Gemeinsinn des Bürgers ausbilden können? Rousseau schlug hier den Legislateur vor, der als Einzelpersönlichkeit eine entsprechend herausragende Tugend mitbringe (II 6–7). Um die noch ohne Gemeinsinn auf die Politik blickenden Menschen zu überzeugen, dürfe er sich einer eigens geschaffenen Religion bedienen, der Zivilreligion. Sie mache die Republik unabhängig von fremden Kirchen und deren Sonderinteressen und schaffe zunächst die Bindungskraft der Gesetze, welche später durch die freiheitlich geschulte Urteilskraft ersetzt würde. Der Inhalt der Zivilreligion werde von der Bürgerschaft festgelegt, und zwar «nicht als religiöse Dogmen, sondern als Sinn für die Gemeinschaft, ohne den man unmöglich guter Bürger oder treuer Untertan sein kann» (IV 8). Die Bürgerschaft könne niemanden zu einem positiven Glauben zwingen, aber jeden ausbürgern, der sich weigere, ein solches Glaubensbekenntnis abzulegen.

Montesquieu und Rousseau verfolgten sehr unterschiedliche Theorieansätze: Montesquieu untersuchte eine Fülle von Regierungsarten und ermittelte die Gründe ihrer Existenz sowie der Ursachen dafür, dass politische Freiheit so selten ist. Rousseau modellierte eine ihm ideal erscheinende politische Ordnung, in welcher politische Freiheit möglich wird. Worin sich beide ähneln, ist die Aufmerksamkeit für institutionelle Fragen. Zu postulieren, Freiheit möge walten oder die Gesetze mögen herrschen und nicht Menschen über andere Menschen, war ihnen zu wenig. Wie Rousseau sagte: Der Mensch ist frei geboren und überall liegt er in Ketten. Postulate und Wünsche waren offenbar nicht genug, es bedurfte einer präzisen Analyse der Möglichkeit, Freiheit ins Werk zu setzen. Genau dieses Unterfangen begann am Ende des 18. Jahrhunderts mit den Revolutionen auf beiden Seiten des Nordatlantiks.

6. «Federalist Papers» und Immanuel Kant: Verfassungsstaat und Rechtsstaat im Zeitalter der Revolutionen

Der Amerikanische Unabhängigkeitskrieg und die Französische Revolution veränderten die ideenpolitische Konstellation erheblich. Der Begriff der Revolution erhielt erst jetzt die moderne Bedeutung, gesellschaftliche Strukturen mit einem Schlag aufzubrechen. Amerika und Frankreich waren die Schauplätze, an welchen angestammte Ordnungen überwunden und durch neue, selbst verfügte Verfassungen ersetzt wurden. Frankreich musste das Ancien Régime überwinden und konnte für die Gestaltung der neuen politischen Ordnung nur in geringem Maße an eigene Vorbilder anknüpfen. In Amerika gab die begrenzt mögliche politische Selbstregierung in der Kolonialverwaltung den Akteuren einen bestimmten Erfahrungsschatz, der sie skeptisch machte bezüglich der Verfolgung utopischer Ziele. Viele Amerikaner waren sogar pessimistisch in Hinblick auf die Fähigkeiten des Durchschnittsbürgers, aktiv Politik gestalten zu können. Dazu zählten die Autoren der «Federalist Papers».

Vom Oktober 1787 bis zum Mai 1788 erschienen in New Yorker Zeitungen unter dem Pseudonym Publius signierte Artikel, die unter dem Namen «Federalist Papers» in die politische Ideengeschichte eingegangen sind. Sie kommentierten den neuen Entwurf der Bundesverfassung, der vom Verfassungskonvent in Philadelphia am 17.9.1787 angenommen worden war und nun den Einzelstaaten zur Ratifikation vorlag. Während die Anti-Federalists die Selbständigkeit der Einzelstaaten erhalten wollten, strebten die Federalists eine starke Bundesregierung an.

Hinter dem Pseudonym Publius standen Alexander Hamilton, James Madison und John Jay. Alle drei hatten sich im Unabhängigkeitskampf bewährt und waren teilweise überregional bekannte Politiker. Alexander Hamilton (1755/1757–1804) kam aus dem Staate New York, war der Adjutant und Privatsekretär George Washingtons gewesen, des Führers der amerikanischen Unabhängigkeitsarmee und späteren ersten Präsidenten der USA. Er gehörte dem Philadelphia-Konvent an und nahm so unmittelbar Anteil an der Entstehung des Verfassungsentwurfes. In der neuen Regierung war Hamilton Finanzminister, dann Generalinspekteur der Armee. James Madison (1751–1836) war gebürtiger Virginier und ebenfalls Delegierter auf dem Philadelphia-Konvent gewesen. Er wurde später Außenminister in Thomas Jeffersons Präsidentschaft und war 1809 bis 1817 selber Präsident. John Jay (1745–1829) schließlich war Anwalt und Außenminister der Konföderation, also dem Staatenbund, der vor der Union der Einzelstaaten 1788 Bestand hatte. Er war unter der neuen Verfassung zeitweilig Chief Justice des Verfassungsgerichts.

Die «Federalist Papers» wollten mit der neuen Verfassung die Gebrechen der alten, unter welcher sie den Unabhängigkeitskrieg hatten führen müssen, überwinden. Die alte Verfassung, die «Articles of Federation», war von der Abgrenzung gegen die imperiale Herrschaft Großbritanniens geprägt gewesen und verhinderte die Schaffung einer Zentralgewalt. Die «Federalist Papers» argumentierten, dass eine starke Regierung nicht im Widerspruch zur Idee der Republik stehe. Madison hob hervor, dass die Institutionen nur dazu dienten, die Besten auszuwählen. Danach benötigten sie Spielraum, um ihre Fähigkeiten auch einsetzen zu können («Federalist» No. 57). Hamilton betonte den Nutzen, ja, die unbedingte Notwendigkeit der Exekutive für die Republik. Sie ermögliche kollektive Handlungen und benötige hierzu genug Ermessensspielraum (No. 1). Die Furcht vor der Gefährdung der Rechte des Volkes durch die Exekutive sei oftmals von Demagogen missbraucht worden, als «Köder zu Lasten des Gemeinwohls». Er betonte demgegenüber die Bedeutung der Unabhängigkeit politischer Eliten von übereilter Kontrolle durch die Institutionen. Hamilton galt Kritikern als Anhänger der Monarchie, u. a. weil er vorschlug, die Amtsdauer des Präsidenten faktisch auf Lebenszeit zu verlängern, allerdings mit der Möglichkeit seiner vorzeitigen Abberufung.

Zu Hamiltons Eliten zählten die Verfassungsrichter, deren Machtfülle von vielen Kritikern der zur Abstimmung stehenden US-Verfassung moniert wurde. Die «Federalist Papers» verteidigten deren Kompetenzen ebenso wie sie vehemente Befürworter des Senates waren, mit seiner rotierenden sechsjährigen Amtszeit, im Gegensatz zum zweijährigen Turnus des Repräsentantenhauses. Im Senat sollte sich ihrer Meinung nach eine neuartige Aristokratie bilden. Das Verhältnis von Amtsträgern und Bürgerschaft jenseits der Kontrollmöglichkeiten durch die Wahl oder der Anklage im Amt war in den Augen der «Federalist Papers» im Wesentlichen eine Beziehung des Vertrauens *(trust)*, das die Repräsentanten sich erwerben und das sie wieder verlieren könnten (No. 57).

Hinter den Überlegungen zur Schaffung einer neuen Aristokratie und der Belassung des Handlungsspielraums für gewählte Eliten verbarg sich unverkennbar eine scharfe Kritik an der Idee der Demokratie. Die Demokratie nach dem Vorbild der griechischen Stadtstaaten wurde von den «Federalist Papers» nicht wegen des Gleichheitsstrebens, sondern wegen der emotionalen Irrationalität abgelehnt. Madison äußerte polemisch, jede demokratische Vollversammlung würde aufgrund der dort waltenden starken Emotionalität zur Herrschaft eines Mobs ausarten, und zwar selbst dann, wenn alle Bürger wie Sokrates seien (No. 55). Demokratie war seiner Auffassung nach der Demagogie ausgeliefert. Das erlaube zwar eine temporäre Einhelligkeit, die aber künstlich und daher instabil sei. Sobald Menschen in Ruhe und vernünftig Sachverhalte beurteilten, kämen sie zu verschiedenen Meinungen (No. 50). Die republikanische Regierung beruhe daher auf der Pluralität von Meinungen, nicht auf einer öffentlichen Meinung (No. 40). Hamilton war der Überzeugung, dass Regierungen überhaupt nur zur Kontrolle der Leidenschaften eingesetzt würden (No. 15). Die Frage sei allein, wer die Regierenden kontrolliere (No. 10).

Für Hamilton war die Verfassung mit ihrer Gewaltenteilung im Ganzen eine *Bill of Rights*. Der Streit der in den Institutionen tätigen Erwählten sichere die Freiheit der Individuen (No. 84). Madison erwog ausführlich die Möglichkeit, bei einem Konflikt zwischen den Gewalten das Volk als letzte Quelle der Autorität anzurufen und entscheiden zu lassen, doch verwarf dies. Die Gewalten müssten untereinander eine Balance finden. Die Anleihen bei Locke und Montesquieu sind erkennbar, nur dass die «Federalist Papers» der Judikative eine gleichrangige Bedeutung zusprachen. Die höchste Richterschaft war bei den «Federalist Papers» nicht als unpolitische Kraft konzipiert, die im politischen Machtkampf die Garantie der Unparteilichkeit gewährleistete, sie war *governmental power.*

Die einzige Sorge für das Volk sei die Gefahr, dass es bei den Personen, welche die Ämter in den Regierungsgewalten ausübten, durch Mehrheitsbildung zu einer Unterdrückung von Minderheiten kommen könne. Hier böte aber gerade der Umstand eine Garantie der Freiheit, der von Montesquieu bis Rousseau als Hindernis jeglicher republikanischer Regierung angesehen wurde: die Größe des Landes. Das habe mit dem Parteikampf zu tun.

Von der Antike bis zur Aufklärung war ein Streit ausgetragen worden, ob politische Parteiungen (Faktionen) eine substantielle Gefahr für die politische Ordnung darstellten oder nicht. Von Aristoteles über Machiavelli bis Edmund Burke hatte eine kleine Minderheit der Theoretiker wenigstens mögliche Vorzüge von Parteien hervorgehoben oder ihre Unvermeidlichkeit im parlamentarischen Regierungssystem betont. Die überwiegende Mehrheit von Platon bis Rousseau wollte jedoch die Ausbildung von Parteien möglichst unterbinden. Die «Federalist Papers» dagegen verfochten Sinn und Nutzen von Parteien offensiv. Für Madison führte die Komplexität der modernen Gesellschaft mit den schon von Rousseau genannten Ungleichheiten zur Formung von unterschiedlichen Interessengruppen. Das zu unterbinden hieße gegen die Struktur der Gesellschaft anzukämpfen. Anders als die französischen Revolutionäre wenige Jahre später war das aber nicht die Absicht der amerikanischen Revolutionäre. Sie wollten nicht soziale Gleichheit und Gemeineigentum, sie wollten zunächst politische Unabhängigkeit.

Madison erwog zwei Möglichkeiten (No. 10): Man könne die Interessen homogenisieren, was jedoch eine erhebliche Freiheitseinschränkung darstelle, oder aber man vervielfältige die Faktionen, damit sie sich gegenseitig hemmten. Mit der Größe des Landes wachse die Vielzahl der politischen Interessengruppen, so dass sich die Ambitionen der Akteure gegenseitig in Schach halten könnten. Daher sei das gewaltige Territorium der USA kein Hindernis, sondern Garant der politischen Freiheit. Zusammen mit der föderalen Struktur erhöhe die Größe des Landes die Wahrscheinlichkeit, dass sich nie eine einheitliche und gleichmäßige Mehrheit in allen Gewalten ausbilden werde, die eine dauerhafte Unterdrückung der Minderheit bedeuten könnte (No. 51).

Immanuel Kant (1724–1804) schlug eine ganz andere Revolution vor als sie in Amerika und Frankreich zu beobachten war. Der Königsberger Philosoph wollte eine «Revolution der Denkungsart». Politik sollte sich nicht an ihren eigenen, aus Erfahrung oder Klugheit gewonnenen Regeln orientieren, sondern an der Vernunft, die sich über alle empirische Partikularität erhebe. Kant radikalisierte Rousseaus Wunsch nach der Herstellung eines Allgemeinwillens als Quelle des Gesetzes: Sie sei in allen Menschen zu finden und liege in seiner Vernunftnatur. Um ihren Inhalt ausfindig zu machen bedürfe es in erster Linie keiner institutionell organisierten Willensbildung, sondern einer Kritik des Denkens selbst.

Kant hatte seine ersten kritischen Schriften zur Erkenntnistheorie und zur praktischen Philosophie vor Ausbruch der Revolution in Frankreich veröffentlicht. Nach 1789 erschien seine «Kritik der Urteilskraft», die bereits auf die weltgeschichtlichen Ereignisse Bezug nahm (§ 65), 1793 veröffentlichte er den «Gemeinspruch»-Aufsatz und 1795 die Schrift zum «Ewigen Frieden», bevor er 1798 mit der «Metaphysik der Sitten» einen systematischen Entwurf seiner Rechtsphilosophie veröffentlichte: Im Rechtsstaat stimme die Verfassung mit den Rechtsprinzipien überein, die nur aufgrund ihrer Vernünftigkeit verbindlich seien und nicht wegen außer ihnen liegender Zwecke, etwa dem Wohl der Menschen (Werke VIII, S. 437; vgl. Werke XI, S. 158).

Die Figur des Gesellschaftsvertrages ist für Kant kein Modell politischer Verfassunggebung, wie dies in Amerika und Frankreich erprobt wurde, sondern eine «bloße Idee der Vernunft», ein «Probierstein der Rechtmäßigkeit» (Werke XI, S. 153). Ein Gesetz sei legitim, wenn alle Menschen kraft ihres Vernunftvermögens dem allgemeinen Gesetz zustimmen müssten, ganz gleich, ob sie dies tatsächlich tun werden. Kant definierte als Aufgabe der praktischen Vernunft, eine Verfassung zu denken, in welcher die größte menschliche Freiheit möglich sei und zugleich mit der Freiheit eines jeden anderen bestehen könne («Kritik der reinen Vernunft» B 373).

Laut Kant ist der Status des Menschen in einer politischen Ordnung dreifach zu bemessen: Als Mensch ist er Glied der Gesellschaft und gewinnt darin seine Freiheit, ist aber zugleich als Untertan abhängig von allen anderen und ihrer gemeinsamen Gesetzgebung und ist schließlich als Staatsbürger mit allen gleich (Werke XI, S. 204). Um als Gleicher mit den Mitbürgern verkehren zu können, bedürfe es der Selbstständigkeit, worunter er das Merkmal versteht, «sein eigener Herr» zu sein, um ein unabhängiges Urteil fällen zu können. Die wichtigste Voraussetzung hierzu sei das Eigentum (Werke XI, S. 150–151).

Die rechtliche Gesetzgebung ist nach Kant von der willkürlichen zu unterscheiden. Hierzu trennte er die Frage nach der Herrschaft *(forma imperii)* von der Frage nach der Regierungsausübung *(forma regiminis)*. Nicht wer Herrschaft ausübt, sei bedeutsam, ob einer, wenige oder alle, sondern wie, ob despotisch oder republikanisch. Kant definierte die Despotie als jene Regierungsart, in welcher diejenigen, die das Gesetz formulieren es zugleich auch ausüben. Hier ist der Privatwille zugleich der öffentliche Wille und deswegen ein «Unding» (Werke XI, S. 207). Unter dem Republikprinzip verstand Kant die Trennung von Regierung und Gesetzgebung und sah die Repräsentation als ihren eigentlichen Ausdruck. Freiheitsgesetze sollten gelten «wie ein Volk mit reifer Vernunft sie sich selbst vorschreiben würde», aber hierzu müsse es nicht um seine tatsächliche Einwilligung gebeten werden (Werke XII, S. 365). «Autokratisch herrschen», aber «im Geiste des Republikanism» regieren, das erzeuge Zufriedenheit im Volk und damit Stabilität einer politischen Ordnung (Werke XII, S. 360 Anm.). Je weniger Bürger an der Herrschaft beteiligt seien bei gleichzeitig umfassender Repräsentation, desto eher werde eine politische Ordnung republikanisch genannt werden können (Werke XI, S. 207).

Der Rechtsstaat ist in der kantischen Theorie kein Instrument zur Steigerung des Glücks einer Population oder einzelner Menschen. Er dient dazu, die Gebote der Vernunft, definiert als allgemeine Gesetzgebung nach dem Kategorischen Imperativ, umzusetzen. Zwar könne eine rechtmäßige politische Ordnung ihrem Prinzip nach nur als Ausdruck des Volkswillens gedacht werden und doch sei dieser Volkswille nur ein Begründungsprinzip, kein empirisches, er sei nicht mit dem jeweils aktuellen Willen des Volkes identisch. Aus dieser Überlegung heraus lehnte Kant auch jedes Widerstandsrecht des Volkes ab. Das Volk könne, gemäß der Idee des Rechtsstaates, die Verfassung seiner politischen Ordnung kritisieren, aber es dürfe nicht revolutionär tätig werden, sondern nur auf Reformen drängen. Daher verblieben nur die Meinungs- und Publizitätsfreiheit als Garanten der Freiheit.

Kant sah auch die Staaten untereinander in einem Rechtsverhältnis stehend. Er verfolgte die völkerrechtlichen Diskussionen des 18. Jahrhunderts sehr genau und verknüpfte sie mit den zeitgenössischen Friedensdebatten in seiner Schrift «Zum ewigen Frieden». Darin unternahm er den Versuch, die Forderungen der praktischen Vernunft mit den Realitäten des politischen Lebens in Einklang zu bringen, angeregt vom Basler Frieden zwischen der französischen Republik und dem Königreich Preußen von 1795. Er übernahm die Struktur eines seinerzeit üblichen Friedensschlusses: die «Präliminarartikel» regelten die politischen Vorbedingungen des Friedens, «Definitivartikel» stellten die eigentlichen Abmachungen für die Zukunft dar.

In den Präliminarartikeln statuierte Kant sechs Vorbedingungen des Friedens: den Frieden nicht unter Vorbehalt einzugehen, keinen anderen Staat zu erwerben, stehende Heere mit der Zeit aufzugeben, keine Schulden für außenpolitische Unternehmen zu machen, sich nicht in die inneren Angelegenheiten eines anderen Staates einzumischen und schließlich keine Mittel im Krieg zu benutzen, die einen künftigen Frieden unmöglich machen. Die Definitivartikel sehen für die Einhaltung des ewigen Friedens drei Bestimmungen vor: Die innere Verfassung der Staaten soll republikanisch sein, ihr Völkerrecht soll auf einem Bund freier Staaten beruhen, und es wird ein Weltbürgerrecht auf der Grundlage des Gastrechts statuiert.

Den Friedenszustand verstand Kant als einen vollkommenen Rechtszustand innerhalb und zwischen Staaten. Er folgte jedoch der realistischen Ausgangsüberlegung von Hobbes und widersprach der auf Samuel Pufendorf und Christian Wolff fußenden Völkerrechtslehre, die den Frieden als natürlichen Zustand und den Krieg als dessen Störung begriff. Für Kant war nicht der Frieden der *status naturalis,* sondern der Krieg (Werke XI, S. 203), weshalb der Friedenszustand erst gestiftet werden müsse. Das bloße Unterlassen des Krieges sei noch kein Frieden. Nur eine wirkliche Rechtsordnung könne als dauerhafte Friedensordnung gelten, alles andere wäre nur als dauerhafter Waffenstillstand zu bezeichnen.

Der Frieden wird laut Kant durch die Schaffung eines Staatenbundes ermöglicht. In einem solchen Staatenbund behielten die Staaten ihre Souveränität, verfolgten jedoch einen gemeinsamen Bundeszweck: die Abwehr des Krieges. Alle künftigen Konflikte sollten dann schiedsgerichtlich geregelt werden. Mitglieder des Bundes könnten nur Republiken sein. Kant vertraute darauf, dass republikanische Regierungen nicht «kriegssüchtig» seien (Werke XII, S. 361). Die Mitwirkung des Volkes bei der Entscheidung über Krieg und Frieden, verhindere, dass das Staatsoberhaupt über seine Untertanen als Soldaten wie über sein Eigentum verfügen könne, eine zu Kants Zeit nicht unübliche Praxis. Nach außen sei der Krieg jedoch weiterhin möglich, mindestens zur Abwehr von Feinden. Doch auch hier ist der Krieg weder als Bestrafung noch als eine Frage der Gerechtigkeit zu verstehen: In Abwesenheit einer übergreifenden souveränen Ordnung und eines Gerichts bleibe der Krieg ein Notbehelf zur Klärung eines Streits und dürfe nicht auf die Vernichtung des Gegners ausgerichtet sein (Werke XI, S. 200).

Aus der Anlage des kantischen Denkens hätte es nahe gelegen, einen Weltstaat als umfassenden Rechtsstaat zu fordern. Kant sah darin aber eine Gefahr für die weitere Entwicklung der Menschheit als Gattung. Vernunft und Natur verfolgten ein identisches Ziel: die Vervollkommnung der menschlichen Gattung im Sinne der aufgeklärten Selbstbestimmung. Die Natur bediene sich aber anderer Eigenschaften des Menschen, um dieses Ziel zu erreichen. Die Natur habe Kräfte in der menschlichen Gattung angelegt, welche die Menschen zugleich voneinander entfernten und wieder anzögen: der «Antagonism» der «ungeselligen Geselligkeit». Zu den entfernenden Kräften zählten die vielen Sprachen und Religionen, zu den anziehenden der Handel. Auf der Ebene der Welt bleibe so nur die Ebene des Weltbürgers ohne Weltstaat, das Verhältnis von Individuen zu Fremdstaaten. Kant verlangte «Hospitalität», d.h. das Gastrecht für Menschen in allen Staaten. Für die Existenz dieses von Kant «Weltbürgerrecht» genannten Verhältnisses sprach seiner Ansicht nach bereits die Praxis: Schon der Welthandel war ein Indiz hierfür, darüber hinaus aber auch der Umstand, dass «die Rechtsverletzung an einem Platz der Erde an allen gefühlt wird» (Werke XI, S. 216).

Durch die Öffentlichkeit nehmen Menschen Anteil, auch wenn sie nicht selbst betroffen sind und ihnen der Schauplatz der Ereignisse fern ist. Der Öffentlichkeit maß Kant eine zusätzliche friedenssichernde Wirkung bei: Sie sei ein Gegengewicht zur Geheimdiplomatie. Für Kant war Öffentlichkeit ein «transzendentales Prinzip des öffentlichen Rechts» in der Außenpolitik. Nur diejenige Außenpolitik dürfe als legitim angesehen werden, die ihre Maxime publizieren könne, ohne ihre Strategie damit selbst aufzuheben (Werke XI, S. 244–251). Öffentlichkeit durchkreuze die «lichtscheue Hinterlist» der Politiker. Kant sah freilich nicht voraus, wie stark die Demokratisierung der Politik die Öffentlichkeit zum Einfallstor für Propaganda und Demagogie machen würde. Er war jedoch auch kein Befürworter einer Demokratisierung der Öffentlichkeit.

Die Autoren der «Federalist Papers» und Kant sprachen beide von der Republik und erkannten beide im Gewaltenteilungsprinzip ihren wesentlichen Inhalt. Doch Anliegen und Ansatz beider Theorien sind denkbar verschieden. Kants Anliegen war der nach Vernunftprinzipien gedachte Rechtsstaat. Für ihn war der Inhalt von Wahrheit und Gerechtigkeit einsehbar und universal, also überall gültig. Das setzt voraus, dass es ein Wissen dieser Prinzipien gibt. Hat man sie einmal erkundet, so sind alle politischen Probleme Umsetzungsprobleme des einmal vernünftig Eingesehenen. Die «Federalist Papers» sahen in solchen Vereinheitlichungen eine Gefahr für jede kollektive Freiheit. Ihr Ziel war die Ermöglichung kollektiven Handelns, der Horizont dieses Handelns war zunächst die von den Bürgern selbst geschaffene Allgemeinheit der politischen Ordnung. Sie misstrauten der Wahrheit und wollten lieber Meinungen so organisieren, dass am Ende verantwortbare Politik möglich wird. Die tatsächliche Gründung einer politischen Ordnung unter gegebenen Umständen setzten sie sich zur Aufgabe, nicht ihre bloß theoretische Begründung.

Wo der Entwurf einer zukünftigen politischen Ordnung die Aufgabe ist, die den Handelnden wie der Öffentlichkeit Orientierung geben kann, dort zeigt sich Kants Stärke. Er wurde daher immer dann am intensivsten rezipiert, wenn die Frage nach dem Modell einer internationalen Friedensordnung akut wurde. Kant war einer der wichtigsten Bezugspunkte für die Diskussionen zur Gestalt des Völkerbundes und der UNO im Zweiten Weltkrieg und ist gegenwärtig in der kosmopolitischen Debatte sehr präsent.

7. Hegel, Marx und die modernen Widersprüche in Gesellschaft und Politik

Die neuzeitlichen Autoren hatten die gesellschaftlichen Kräfte studiert, um ihre Wirkung auf die Politik zu analysieren, davon überzeugt, dass die politische Ordnung letztlich diese Kräfte beherrschen kann. «Moderne» Autoren wie Hegel und Marx, Weber und Horkheimer begannen, die begrenzten Möglichkeiten der Politik zu diskutieren, dieser gesellschaftlichen Kräfte

Herr zu werden. Der politische Gestaltungswille, gesellschaftliche Verhältnisse nach vernünftigen Maßstäben einzurichten, führte zu unerwarteten Resultaten und viele Autoren begannen zu realisieren, dass die Befreiung von gesellschaftlichen Fesseln mitunter neuartige Ketten hervorbrachte: An Stelle der Herrschaft von Menschen über Menschen trat die Herrschaft der «gesellschaftlichen Verhältnisse» über die Freiheit der Selbstbestimmung.

Wie kein anderer Autor seiner Zeit verkörpert Hegel den Übergang von der Neuzeit zur Moderne. Er verknüpfte frühere politische Diskurse miteinander und initiierte andere, vor allem die Marxsche Philosophie einerseits und den Etatismus andererseits. Er bezog die sich selbst entwickelnden gesellschaftlichen Kräfte in das Modell der politischen Ordnung ein, um es einhegen zu können. In Marx Augen sprengten aber eben diese gesellschaftlichen Kräfte jedes bekannte Modell der Staatlichkeit.

Georg Wilhelm Friedrich Hegel (1770–1831) vereinte die idealistische Philosophie, die die Wirklichkeit im Bewusstsein des Individuums gründet, mit der sozialwissenschaftlichen Sichtweise der Politischen Ökonomie, welche die Entwicklung der Gesellschaft aus dem Verhalten von Personengruppen erklärt. Die Brücke zwischen diesen beiden Polen war für Hegel die Geschichte. Hegel sah eine in der Geschichte angelegte Bewegungstendenz zur wachsenden Freiheit der Menschen. Die Geschichte wurde freilich von den strukturellen Spannungen zwischen Individuum und Gesellschaft angetrieben, die am Ende aber immer einen Zuwachs an Freiheit mit sich brachten.

Hegel war als junger Mann ein glühender Verteidiger der Französischen Revolution, welcher er noch in späten Jahren begeistert attestierte, dass hier endlich «der Mensch sich auf den Kopf, d. i. auf den Gedanken stellt und die Wirklichkeit nach diesem erbaut» (Werke XII, S. 529). In seiner Jugend litt Hegel unter der fehlenden Staatlichkeit Deutschlands, das in Gestalt des Alten Reiches einem Flickenteppich kontingent zusammengeworfener Fürstentümer glich. Die griechische Antike dagegen bot ihm und seiner Generation (Hölderlin wie Schelling und vielen anderen) die Idee der Möglichkeit einer innigen Verschmelzung des Individuums mit der politischen Ordnung, der Identität des Einzelnen mit dem Ganzen. Hegel folgte daher zunächst Rousseaus Spur und wollte den *bourgeois* wieder zum *citoyen* machen («Realphilosophie», S. 266). Er hielt dann aber in seiner «Rechtsphilosophie» von 1821, die er als Professor an der Berliner Universität schrieb, solche Trennungen für künstlich. Nun wollte er beide Gestalten des Menschen, den in der Gesellschaft verwurzelten ebenso wie den sich von der Gesellschaft emanzipierenden Menschen, in ihrer jeweiligen Legitimität anerkennen und suchte nach der Vermittlung des Gegensatzes, den *bourgeois* und *citoyen* ja gleichwohl noch darstellten.

Vermitteln meint bei Hegel die Aufhebung immanenter Gegensätze, ohne dass ihre jeweiligen Momente verloren gehen, weshalb immer auch von Versöhnung die Rede ist. Eine solche Vermittlung kann laut Hegel nicht «mechanistisch» erfolgen. Balancierungs-Modellen wie der Theorie der Gewaltenteilung warf er kategoriale Fehler vor. Insbesondere kontraktualistische Modelle, die Individuen Rechte an Freiheit und Gleichheit zuschreiben und von einem fiktiven Naturzustand ausgehen, waren seiner Ansicht nach völlig ungeeignet, die tatsächlichen Prozesse der Vergesellschaftung zu verstehen («Rechtsphilosophie» §§ 273 Zusatz, 279). Die Zuerkennung von Menschenrechten erkläre noch nicht, woher der Einzelne das Vertrauen beziehe, dass seine subjektive Freiheit der Sache nach und nicht nur der Form berücksichtigt werde. Woher komme die Verpflichtung der überstimmten Minderheit gegenüber der Mehrheit? Woher kommt die freiwillige Entäußerung des besonderen Interesses des Einzelnen zugunsten der Belange der Allgemeinheit («Realphilosophie», S. 263)?

Kants Philosophie schien Hegel ein leeres Sollen zu sein, das an den Notwendigkeiten der Wirklichkeit abprallte oder wie das französische Terror-Regime sich nur mit übermäßiger Gewalt behaupten konnte, und auch das nicht lange. Das in der Französischen Revolution erkennbare Freiheitsverständnis nannte Hegel das der leeren Abstraktion des Ausschlusses aller Bestimmungsgründe («Rechtsphilosophie» § 5). Sich ständig von allen Bestimmungsgründen befreien zu wollen, aber keine dauerhaften Institutionen hervorbringen zu können, war in Hegels Augen nur der Schein der Freiheit. Die Revolutionäre der ersten Etappe der Revolution setzten die Individuen frei, lösten sie abstrakt-formal aus den Bindungen der Gesellschaft und vertieften dadurch erst bestimmte Auswirkungen der gesellschaftlichen Selbstentfaltung, die dann aber nicht mehr politisch kompensiert werden konnten durch die stärkere Betonung der Gleichheit. Der natürlichen Ungleichheit der Geschicklichkeit und der Talente «die Forderung der Gleichheit entgegenzusetzen, gehört dem leeren Verstande an, der dies sein Abstraktum und sein Sollen für das Reelle und Vernünftige nimmt» (§ 200). Das war eine scharfe Kritik an Kant und seinen Anhängern. Das bloße Sollen macht noch keine Wirklichkeit aus und der kantische Dualismus einer in Gedanken vollständig vernünftigen Welt und einer unvollkommenen empirischen Welt war in Hegels Augen eine Art Kapitulation vor der Wirklichkeit.

Da hielt er es lieber mit dem Diskurs der Politischen Ökonomie, die er als moderne Wissenschaft pries. Statt mit politischen Mitteln künstlich die natürliche Ungleichheit der Menschen egalisieren zu wollen, mache sie erkennbar, wie die gesellschaftlichen Kräfte jenes «Element der Ungleichheit» in Güterproduktion umwandeln und so Reichtum schaffen könne. Durch die Möglichkeit der Arbeit und der Anerkennung ermögliche die Gesellschaft ferner die Individualisierung des Menschen. Erst im Erwachsenenalter trete er aus dem Familienverband heraus, dessen Bestimmungsgrund die Liebe sei, und suche durch Arbeit und Anerkennung, nicht nach Herkunft, seinen Platz in der Gesellschaft, wo er sich nach seinen jeweiligen Eigenschaften und Fähigkeiten von anderen Menschen abgrenzen könne. Die Freisetzung des Egoismus der Gewerbetreibenden schaffe allgemeinwohlförderliche Ergebnisse auch kontra-intentional, also nicht vom subjektiven Willen getragen: Die subjektive Selbstsucht wandele sich in einen Beitrag zur Befriedigung der Bedürfnisse aller (§ 199). Das Chaos individueller Verhaltensweisen könne als ein in sich geordnetes Ganzes dargestellt und begriffen werden. Doch die Gesellschaft schaffe auch wieder neue Widersprüche in Gestalt von Spannungen und

Ungleichheiten, da neben Reichtum auch bittere Armut trete. Um diese neuen Konflikte lösen zu können ohne die Dynamik der Vergesellschaftung sowie den Individualisierungsprozess zu untergraben, erhebe sich über die Gesellschaft der Staat, die Verkörperung des Allgemeinen in Gestalt des Beamtentums und der Monarchie als Staatsspitze.

Hegels System, wie er es in der «Rechtsphilosophie» darlegte, umfasst also drei Ebenen der Vergesellschaftung des Individuums: Familie, «bürgerliche Gesellschaft» und Staat, die zusammen die «objektive Sittlichkeit» ausmachen und sich vom unterkomplexen formalen Recht und der Ethik unterscheiden. Im Begriff der Sittlichkeit stellte Hegel gewöhnlich getrennt thematisierte Fragen des Rechts, der Ökonomie, des Krieges und des Beamtentums ebenso wie Liebe, Ehe und Erziehung in einen inneren Wechselbezug. Die Bestimmungsgründe sozialen Verhaltens des Individuums ergäben sich aus dem Wechselspiel des individuellen Selbstverständnisses (Bewusstsein) mit den sozialen und politischen Institutionen. Das Recht ist hier nur ein Medium normativer Bestimmungen. Hegel unterschied das «abstrakte Recht» mit seinen Vorstellungen wie der juristischen Person, Vertrag, Eigentum und Strafrecht von der «Moralität», worunter er alle selbstgesetzten Bestimmungsgründe des Menschen verstand wie Absicht, Schuld oder Gewissen. Auch wenn der Staat an der Spitze der objektiven Sittlichkeit stehe, so sei er doch nicht die höchste Form der Sittlichkeit; über ihn stellte Hegel die absolute Sittlichkeit, die sich in Religion und Kunst, aber auch in den Wissenschaften zeige.

Auf allen drei Ebenen der objektiven Sittlichkeit durchlaufe das Individuum einen Prozess anwachsender Einsicht in die Notwendigkeit der wirklichen Verhältnisse, deren Widersprüche durch das Zusammenspiel von bürgerlicher Gesellschaft und Staat überwunden werden. Hegel entnahm der Politischen Ökonomie die zentrale Stellung des Eigentums für das Verständnis der Vergesellschaftung. Eigentum ist ihm kein Rechtsverhältnis, sondern ein soziales Verhältnis. Die Verweigerung des Eigentums sei eine Unterlassung der Anerkennung (§ 200). Daher erfasste Hegel, welche Bedeutung Armut und Arbeitslosigkeit besitzen: Nicht nur, dass man nicht am Wohlstand der Gemeinschaft teilnimmt, ohne Anerkennung bleibt man sozialpsychologisch ausgeschlossen. Daher könne die Armenpflege (§ 242) das eigentliche Übel (aus sittlicher Perspektive) nicht heilen (§ 244 Zusatz). Die bürgerliche Gesellschaft sei außerstande, Armut zu bekämpfen, ohne ihre eigenen Prinzipien zu verletzen. Almosen zu verteilen verletzt die Idee der Selbsterarbeitung einer sozialen Stellung; andererseits führt die künstliche Integration der Armen in den Produktionsprozess zur Überproduktion, was weitere Armut verursacht, wie Hegel an England beobachtete (§ 244 Zusatz). Die Dynamik der gesellschaftlichen Entwicklung erzeuge die Gefahr ihrer Zersetzung aus sich selbst heraus und setze das Proletariat frei (§§ 243 ff.). Hier müsse der Staat die widersprüchlichen und selbstzerstörerischen Kräfte der bürgerlichen Gesellschaft zügeln ohne sie still zu stellen.

Der Staat steht der bürgerlichen Gesellschaft nicht unvermittelt gegenüber, sagte Hegel. Die bürgerliche Gesellschaft entwickle Selbststeuerungs-Instrumente, um ihre inneren Konflikte zu bewältigen. Hegel nannte das Gerichtswesen, die Polizei und die Korporationen (im Sinne von Interessenverbänden), er hatte vor allem Lokalgerichte vor Augen, das Konstabler-Wesen und die Zünfte, die aus der Mitte der bürgerlichen Gesellschaft selbst besetzt werden. Diese Institutionen gehören zum «Verstandesstaat» und sind auf die gemeinsamen Bedürfnisse der bürgerlichen Gesellschaft zugeschnitten. Demgegenüber vertritt der «Vernunftstaat», der Staat im engeren Sinne der Hegelschen Wortverwendung, das Allgemeine. Er wird verkörpert durch Institutionen, die der bürgerlichen Gesellschaft gegenübertreten und sie beaufsichtigen. Dazu zählte Hegel den Stand der Beamten, der eine Aufsichtsfunktion ausübt über die Tätigkeiten des Verstandesstaates (Verwaltung) sowie die Außenpolitik betreibt. In der Gesetzgebung kooperiert der Vernunftstaat mit dem Verstandesstaat, der in einer ständischen Repräsentation der Interessen der bürgerlichen Gesellschaft diese dem Vernunftstaat gegenüber zur Geltung bringt. Die politische Vermittlung aller in der Gesellschaft angelegten Spannungen und Gegensätze in nur einer Institution, wie dem Parlament in England, erachtete Hegel als untauglich.

Mit der Idee des Staates überschritt Hegel den Horizont der englischsprachigen Nationalökonomie, die Politik als Teilsystem der sozialökonomisch verstandenen *civil society* konzipiert hatte. Der Staat ist bei Hegel auch nicht die von Eigentümern eingesetzte Institution zum Schutze des Eigentums. Die bürgerliche Gesellschaft setzt bei ihm vielmehr den Staat voraus, der aus eigenem Recht existiert, als Sachwalter des Allgemeinen. Die Gesamtschau und die Abwägung der je eigenen Berechtigung der besonderen Interessen und Bedürfnisse von Familie und bürgerlicher Gesellschaft erfolgt erst durch den Staat, er sichert den Rahmen ihrer Existenzbedingungen. Nur der Beamte nimmt die Perspektive des Allgemeinen ein. Wenn das Individuum in der bürgerlichen Gesellschaft auch nicht diese Perspektive teilt, so muss es doch das Vertrauen haben, dass seine Interessen berücksichtigt werden. Die öffentliche Meinung sieht Hegel deswegen als fundamentales Band zwischen bürgerlicher Gesellschaft, Individuum und Staat.

Aus Hegels Perspektive heraus verblieb einzelnen Individuen nur wenig Gestaltungsmöglichkeit. Auch dem Monarchen gestand er nur zu, im Rahmen des Prozesses der Gesetzgebung eine Art «Punkt auf dem i» zu sein. Alleine «weltgeschichtliche» Gestalten wie namentlich Napoleon, «der Weltgeist zu Pferde», hätten prägenden Einfluss, doch auch sie seien am Ende nur Vollstrecker des gesellschaftsgeschichtlichen Entwicklungsganges, nicht dessen Ursachen. Die Politik ist das Schicksal, hatte Napoleon in Erfurt zu Goethe gesagt. Hegel hätte ihn präzisierend ergänzt: die Politik, nicht die Politiker.

Karl Marx (1818–1883) sah sich als Erbe der Hegelschen Theorie, radikalisierte aber dessen Ansatz. Setzte Hegel mit dem Vermittlungsgedanken auf eine durchaus produktive Konfliktlösung, so prognostizierte Marx die Verselbständigung der sozialen Kräfte, an deren Ende auch der staatliche Rahmen gesprengt werde. Hegels Philosophie löste eine intellektuelle Bewegung aus, die unter der Bezeichnung «Junghegelianer» liberal gesonnene Wissenschaftler, republikanische Demokraten sowie Sozialisten umfasste. Man kann vorsichtig nach Links- und Rechtshegelianern unterscheiden, wobei die Rechtshegelianer sich von der Beamtenschaft, das heißt der Verwaltung die Bewahrung der Allgemeinheit vor den partikularen Interessen der Gesellschaft erhofften (Lorenz von Stein). Sie sahen die gesellschaftlichen Spannungsverhältnisse für so elementar an, dass sie dazu neigten, den Staat stärker von der bürgerlichen Gesellschaft zu entkoppeln, als dies Hegel vorsah. Die Linkshegelianer betrachteten den Staat als Teil des Problems und strebten daher eine radikalere Lösung an.

Marx durchlebte nach seinem Studium in Berlin verschiedene Phasen politischer Aktivität, meist in Verbindung mit Friedrich Engels. Marx war journalistisch tätig, parteipolitisch, revolutionär und geheimbündlerisch und begründete die internationale Arbeiterbewegung. Er verstand sich aber letztlich als Wissenschaftler, zusammen mit Friedrich Engels als Mitbegründer des «wissenschaftlichen Sozialismus», den er vom sogenannten utopischen Sozialismus abgrenzte.

Wenn Sittlichkeit weiterhin das Ziel sei, so sei Entfremdung das moderne Hindernis. Den Begriff der Entfremdung stellte Marx in seinen frühen, in Paris entstandenen Studien in den Mittelpunkt («Pariser Manuskripte»). Der arbeitende Mensch werde, so die rein ökonomische Prognose, immer weniger Herr der Produktivmittel seiner Arbeit sein, er werde sich immer mehr seiner Arbeit entäußern müssen, um überleben zu können, und gerate so in ein Abhängigkeitsverhältnis, das ökonomisch Ausbeutung, politisch aber Unterdrückung bedeute. Unterdrückung gehöre allerdings zur Gesellschaftsgeschichte als Abfolge von «Klassenkämpfen». Die Klassen seien keine politischen Parteien, sie entstünden durch die gesellschaftliche Entwicklung und veränderten sich mit ihr. Das Bürgertum als Klasse sei aus dem Klassenkampf gegen den Adel im Feudalismus erwachsen, so wie das Proletariat von der bürgerlichen Gesellschaft hervorgebracht worden sei und sie überwinden werde, um eine klassenlose Gesellschaft zu errichten, den Kommunismus.

Mit Kommunismus bezeichnete Marx die Gesellschaftsepoche, in welcher die Entfremdung aufgehoben sei, in welcher erst der Mensch in vollumfänglichen Sinne «frei» sein könne, wenn die Produktionsmittel vergesellschaftet seien, sie also allen gemeinsam gehörten und niemand unterdrückt werde. Die Epoche der Freiheit werde durch einen revolutionären Prozess erreicht, in welchem sich die Widersprüche einer Gesellschaftsformation so zuspitzten, dass sie nur noch durch eine strukturelle Wandlung der Produktivverhältnisse dauerhaft gelöst werden könnten. Im revolutionären Übergang werde das Proletariat, das gesellschaftsgeschichtlich betrachtet revolutionäre Kollektivsubjekt, auch zum politischen Subjekt und eine «Diktatur» errichten.

Im «Manifest der kommunistischen Partei», das im Februar 1848 kurz vor Ausbruch der Revolution erschien, gab Marx einen ersten Überblick seiner politischen Theorie. Darin beschrieb er, wie sich die Bourgeoisie als große revolutionäre Kraft erwiesen habe. Sie habe das feudale Gesellschaftssystem hinweggefegt und schicke sich an, ihre Zivilisation über die Welt auszudehnen, indem sie einen «Weltmarkt» schaffe. «Die wohlfeilen Preise ihrer Waren sind die schwere Artillerie, mit der sie alle chinesische Mauern in den Grund schießt» («Manifest», S. 70). Nationale Einseitigkeit oder Isolation würden unmöglich und damit auch reaktionäre Borniertheit und nationalistische Engstirnigkeit. An ihre Stelle trete die freie Konkurrenz und so die «kosmopolitische» Gestaltung der Welt (S. 69), in welcher am Ende der gleiche Standard gelten werde. Diese von Marx begrüßte Fortschrittsperspektive schloss auch ideelle Entwicklungen ein wie die Ausbildung einer «Weltliteratur» (S. 70).

Als revolutionäre Klasse habe die Bourgeoisie einen gesellschaftsgeschichtlich gerechtfertigten Herrschaftsanspruch. Er ende, wenn ihre revolutionäre Kraft versiege, und dies glaubte Marx bereits erkennen zu können. Zum einen prognostizierte er aufgrund unweigerlicher Überproduktion bei gleichzeitig fallender Profitrate eine zunehmende ökonomische Krisenanfälligkeit. Die ökonomische Krise führe demzufolge eine revolutionäre Situation herbei, in welcher dann eine Klasse die Herrschaft an sich reiße, die von der Bourgeoisie selbst erzeugt wurde: das Proletariat. Marx ging davon aus, dass die agrarisch geprägte

Bevölkerung ebenso wie der Mittelstand verelenden werde und sich in ein Proletariat verwandele. Hier knüpfte er unmittelbar an Hegels Analyse der durch die bürgerliche Gesellschaft emporwachsenden Schicht der Armen an, ohne jedoch dessen Lösung zu folgen.

Ausgerechnet das Proletariat zum revolutionären Subjekt zu erklären, musste aufgrund seines geringen Ausbildungsstandes und der nicht vorhandenen Regierungserfahrung überraschen. Aus der gesamtgesellschaftlichen Perspektive sei es aber dazu am besten geeignet: Es sei die wahre Negation des Bürgertums, werde immer stärker sozial entdifferenziert und das erfahrene Elend erzeuge Gleichheit und Solidarität. Die Angleichung der Lebensverhältnisse auf der ganzen Welt führe auch zu einer Internationalisierung des Proletariats. Aufgrund seines unaufhörlichen Anwachsens werde es am Ende identisch sein mit der Menschheit selbst und sei daher prädestinierter Träger der kommunistischen Gesellschaftsordnung. Marx konstatierte im «Manifest», dass in der Übergangszeit Bürgerliche politisch zu den Proletariern übergehen würden, so wie in der bürgerlichen Revolution Adlige zum Bürgertum übergegangen seien. Doch es sei das Proletariat, das schließlich nur noch seine Ketten zu verlieren habe und daher die Revolution wagen werde. Hierzu bedürfe es vor allem der internationalen Organisation, weshalb Marx auch das Manifest mit dem berühmten Schlachtruf enden lässt: «Proletarier aller Länder, vereinigt euch!» (S. 96). Die in Marx' Augen zunehmende Majorisierung der Gesellschaft durch das Proletariat führte ihn zur Annahme, es werde in einem ersten Schritt die Herrschaft demokratisch erobern (S. 84).

Doch die Enttäuschung der gescheiterten Revolution von 1848, zusammen mit dem Entsetzen über das Aufkommen des Bonapartismus, ernüchterten Marx. Es war Louis Bonaparte, dem Großneffen des französischen Kaisers Napoleon Bonaparte, gelungen, Präsident der französischen Republik zu werden, deren parlamentarische Grundlage er anschließend durch ein demokratisches Referendum abschaffte, um sich schließlich mit einem weiteren Referendum zum Kaiser zu erheben. Der Bonapartismus bestätigte die alte Meinung, wonach demokratische Formen zu inakzeptabler Politik führen könnten (Llanque 2008, 367–370).

In seinem eigentlichen Hauptwerk, dem im Londoner Exil geschriebenen «Kapital», dessen erster und einziger noch von Marx vollendeter Band 1867 erschien, sollte Politik ursprünglich noch eine wichtige Rolle spielen. Das «Kapital» umfasste ein gewaltiges Forschungsprogramm, das zunächst (nach einer Skizze von 1857) auf sechs Bände angelegt war, wobei Band 4 den Staat behandeln sollte. Der einzig erschienene Band behandelte aber die Staatlichkeit nicht und im zweiten Gesamtplan von etwa 1866 wurde Staatlichkeit auch nicht mehr eigens thematisiert. Marx' Wendung zum wissenschaftlichen Sozialismus, als Fortsetzung und zugleich Abschluss des klassischen Diskurses der Politischen Ökonomie gedacht, führte zu einer Entfernung von politisch-institutionellen Fragen.

Abgesehen davon, dass Marx in seiner gesellschaftsgeschichtlichen Prognose die Wandlungsfähigkeit des Kapitalismus unterschätzte, blieb auch die Frage, wie die Organisierung des Proletariats vonstatten gehen sollte, offen. Die gesellschaftlichen Kräfte mögen die eigentlich revolutionären sein, doch die Übernahme der Herrschaft setzt einen gewissen Prozess der inneren Organisation voraus, der ihm nicht von der gesellschaftlichen Entwicklung abgenommen werden kann, schon gar nicht, wenn laut Marx das Proletariat am Ende nur seine Ketten zu verlieren hat, es also aus der niedersten Unterdrückung die Aufgabe der Selbstregierung übernehmen muss.

Nicht Marx, sondern Ferdinand Lassalle prägte die Anfänge der Parteibildung der deutschen Sozialdemokratie und es war Lassalle, der ihr die Forderung nach Demokratie einschrieb, was sich auch nach seinem vorzeitigen Tod noch im Gothaer Parteiprogramm von 1875 zeigte. Dieses Programm provozierte Marx' energischen Widerspruch und er verfasste einen Kommentar hierzu. «Welche Herrschaftsform wird das Proletariat im Übergang von der bürgerlichen Gesellschaft zur kommunistischen Gesellschaft ausüben?», fragte er darin (Schriften II, S. 1032 ff.). Die Demokratieforderung fessele das Proletariat, beinhalte sie doch die Anerkennung des Bürgertums als gleichberechtigt. Die Expropriateure zu expropriieren sei ein revolutionärer und damit immer auch ein gewaltsamer Vorgang, der sich nicht mit Rechtstiteln oder parlamentarischen Mehrheiten rechtfertigen lasse, sondern nur aus der richtigen Analyse der Gesellschaftsgeschichte. Marx konstatierte daher übergangsweise eine «Diktatur des Proletariats», die bis zur Durchsetzung der kommunistischen Gesellschaftsordnung bestehen solle.

Diese Äußerungen standen im Zusammenhang mit seiner Publikation zur Pariser Kommune von 1871, die Marx zum Vorbild für die Erringung der von ihm gewünschten kollektiven Diktatur erklärte. Nun war die Kommune ein furchtbarer Fehlschlag gewesen, der angesichts des Blutvergießens zudem die Legitimität der Erhebung infrage stellte. Marx' Lob der Kommune stieß in der deutschen Arbeiterbewegung lange auf taube Ohren. Es war Lenin, der diese Schrift im ersten Weltkrieg, als er «Staat und Revolution» verfasste, wiederentdeckte und für seine eigenen revolutionären Pläne benutzte. Lenin hatte bereits 1902 in seiner Broschüre «Was tun?» verlangt, die Bedeutung der politischen Organisation des Klassenkampfes anzuerkennen. Lenin lehnte den blinden Terrorismus genauso ab wie die Gewerkschaftsbewegung, die nur die Anhebung des Lebensstandards der Arbeiter anstrebe. Stattdessen bedürfe es einer Partei von Berufsrevolutionären, die den Ablauf von Revolution und Machtübernahme planten und durchführten. Die Partei dürfe um ihrer Schlagkraft willen nicht nach demokratischen Gesichtspunkten organisiert sein.

Die als Übergangsregime gerechtfertigte Diktatur wurde jedoch zum Dauerzustand der sozialistischen Herrschaft, so bereits in Ansätzen bei Lenin, vollendet jedoch bei Stalin. War die Machtübernahme gesichert, so verlangte die Sicherstellung dieser Macht gegen Kräfte der «Konterrevolution» bzw. im Klassenkampf gegen kapitalistische Staaten die Aufrechterhaltung der Diktatur. Selbst die offene wissenschaftliche Kritik, die Marx ebenso wie später beispielsweise Rosa Luxemburg zum Markenzeichen sozialistischer Revolutionäre erhoben hatten, musste einem ideologischen Dogmatismus weichen. Das machte alle Regime unflexibel und nicht anpassungsfähig und verursachte ihren Untergang.

Mögen die Lösungsvorschläge von Marx am Ende immer weniger Anhänger gefunden haben, seine Ausgangsanalyse mit ihrer die nationalen Grenzen überschreitenden, globalen Perspektive, die Betonung der ökonomischen Grundlagen aller Gesellschaft und die schonungslose Kritik der Verknüpfung von Denkgewohnheiten und sozialer Praxis bleiben aktuell. Lenin dagegen hat mit dem Aspekt der Organisation einen wesentlichen Faktor der modernen Gesellschaft berücksichtigt, den Marx mit seinem vagen Assoziationsgedanken noch nicht erfasste. Dabei hatte ihn noch vor Marx' «Manifest» Tocqueville in das Zentrum seiner politischen Theorie gestellt.

8. Alexis de Tocqueville und John Stuart Mill: Individuum und Demokratie in der Moderne

In der von Hegel und Marx eingenommenen makrotheoretischen Perspektive verblieben als politische Akteure nur Kollektivpersonen wie die Klassen, mit Hilfe derer das Verhalten sehr großer Mengen von Individuen erklärt wurde. Tocqueville und John Stuart Mill konzentrierten sich dagegen auf eine mittlere Ebene, die die Möglichkeit individuellen Handelns berücksichtigte, ohne den Umstand zu ignorieren, dass dies letztlich nur in Kooperation mit anderen Menschen Wirkung zeitigen kann.

Durch die Französische Revolution war die Idee der Volkssouveränität in der politischen Diskussion präsent. Sie war Inbegriff der Befreiung von Fremdherrschaft, aber sie war auch eine neue Art der Bedrohung, denn im Namen der Volkssouveränität war kein Aspekt des Lebens mehr vor dem Gestaltungswillen der Mehrheit geschützt. So wie die Willkür des feudalen Herrschers Anlass zum politischen Widerstand geboten hatte, so tat dies nun die Furcht vor der Willkür einer nur ihren unmittelbaren Bedürfnissen gehorchenden Menschenmenge, die für sich reklamierte, im Namen des Volkes souveräne Gewalt ausüben zu dürfen. Der konservative Widerstand regte sich ebenso wie der liberale. Freiheit als politische Idee gab es natürlich bereits vor dem Liberalismus (Skinner 1998), erst der Liberalismus stellte jedoch die individuelle Freiheit in den Mittelpunkt. Die Gefährdung des Individuums durch kollektive Gestaltungsansprüche zu verstehen und über Abhilfe nachzudenken, ohne auf Demokratie zu verzichten, war der Gegenstand der politischen Theorien von Tocqueville und John Stuart Mill.

Alexis de Tocqueville (1805–1859) gehörte einem sehr alten normannischen Adelsgeschlecht an, das sich während der Französischen Revolution als königstreu erwiesen hatte. Er studierte in Paris die Rechtswissenschaften, hörte aber auch bei Guizot Zivilisationsgeschichte, wurde Beamter in der Juli-Monarchie und reiste 1831 und 1832 in offiziellem Auftrag in die USA, um das dortige Gefängniswesen zu studieren. Er reiste mit seinem Freund Gustave de Beaumont, mit dem er auch die gewünschte Studie anfertigte, arbeitete aber bereits 1832 an seinem monumentalen Werk zur «Demokratie in Amerika», das in zwei Bänden 1835 und 1840 erschien.

Tocqueville erweiterte die Bedeutung des Demokratiebegriffs, den Kant und die «Federalist Papers» noch zur klassischen Regierungslehre zählten, um die soziale Dimension und knüpfte hierbei bei Montesquieu an: Wie wirkt sich soziale Gleichheit auf die Politik aus? Er erweiterte aber auch die Bedeutung des Demokratiebegriffs innerhalb der Regierungslehre, insofern er unter Demokratie die Selbstorganisation der Bürger unterhalb des nationalen politischen Systems verstand: die lokale Selbstverwaltung, die Mitwirkung der Bevölkerung als Laienrichter am Gerichtswesen, die Pressearbeit, das Parteiwesen, die Selbstorganisation der Menschen in Interessenvereinen. In dieser Perspektive diskutierte Tocqueville die Stellung der Frau ebenso wie die Existenz von Sklaven, Fragen der Erziehung wie des Handels, jeweils im Lichte der Wechselwirkung zwischen Gesellschaft und Politik. Er sprach vom Zeitalter der Gleichheit, das sich nicht nur in demokratischen Staaten wie den USA bemerkbar machte, sondern überall, wo eine zunehmende Gleichheit der Lebensverhältnisse erkennbar wurde, was in Tocquevilles Augen nichts weniger war als die Zukunft der Politik in der gesamten Welt.

Die Angleichung der Lebensverhältnisse kann laut Tocqueville von sehr unauffälligen Einrichtungen wie etwa dem Erbrecht angestoßen werden, der wichtigste Faktor ist aber die öffentliche Meinung. Während die Aufklärer des 18. Jahrhundert der Öffentlichkeit eine heilsame, emanzipierende Wirkung zusprachen, sah Tocqueville in ihr unter demokratischen Verhältnissen einen neuen despotischen Herrn heranwachsen. Er behauptete, dass keine politische Ordnung der Gefahr des Despotismus so ausgesetzt ist, wie die Demokratie, und erblickte in der «Tyrannei der Mehrheit» den neuen Despoten. «Die Gleichheit stellt die Menschen nebeneinander, ohne dass ein gemeinsames Band sie zusammenhält» (Bd. II, S. 118). Ohne ein solches Band sei das Individuum schutzlos der Herrschaft der Mehrheit in Politik, Presse, Gericht und öffentlicher Meinung und dem von ihr ausgehenden Konformitätsdruck ausgesetzt. Tocqueville kam also zu einer ganz anderen Auffassung als James Madison im «Federalist» No. 10: Die Größe des Landes und seine föderale Struktur verhindern keine Majoritätsherrschaft. Das erklärt sich damit, dass Tocquevilles Analyse vor dem Hintergrund der *Jacksonian Revolution* erfolgte, die 1830 mit der Wahl von Andrew Jackson zum Präsidenten einsetzte. Der Demokrat aus dem damaligen Hinterland führte mit seiner Wahl das sog. *spoils system* ein: Dem Wechsel an der Spitze der Regierung folgte der Austausch des Verwaltungsapparates sowie die sukzessive Besetzung aller wichtigen Positionen mit Parteifreunden.

Zugleich wächst laut Tocqueville in einer demokratisierten Gesellschaft die Zahl der Gesetze und Reglementierungen, gegen die ein Individuum kaum Einwände erheben kann, sind sie doch demokratisch legitimiert. Das aus seiner Sicht engmaschige Netz an Regeln und Verordnungen belässt nicht nur geringen Spielraum für den Einzelnen, es gewöhnt ihn daran, ein geregeltes Leben zu führen. Der Volkssouverän «bricht den Willen nicht, sondern er schwächt, beugt und leitet ihn; er zwingt selten zum Handeln, steht vielmehr ständig dem Handeln im Wege; er zerstört nicht, er hindert die Entstehung; er tyrannisiert nicht, er belästigt, bedrängt, entkräftet, schwächt, verdummt und bringt jede Nation schließlich dahin, da sie nur noch eine Herde furchtsamer und geschäftiger Tiere ist, deren Hirte die Regierung» ist (Bd. II, S. 343).

Doch diese niederschmetternde Analyse war eher eine Prognose möglicher Unterdrückung durch ein Mehrheitsregime auf allen Ebenen von Politik und Gesellschaft als eine Diagnose. Tocqueville sah nämlich bereits Mittel und Kräfte am Werk, die aus der Demokratie selber heraus die Möglichkeit boten, dieser Gefahren Herr zu werden. Die Individuen würden durch die Tyrannei der Mehrheit gezwungen, sich untereinander zusammenzuschließen. In Assoziationen verbänden sich Individuen zu Interessengemeinschaften, um in geordneter Kooperation dem Konformitätsdruck besser Widerstand leisten zu können. Individuelle Lebensweisen und Meinungen seien vielleicht in kleinen Siedlungen und Stadtvierteln singulär, vereinigten sich die Individuen mit gleichen Vorstellungen aber zu großen Organisationen, so bestätigten sie sich gegenseitig in ihrer Bedeutung und lernten, sich politisch zu betätigen, um ihren Interessen zum Durchbruch zu verhelfen. Tocquevilles Beispiel ist die damals sehr erfolgreiche Anti-Alkohol-Liga (Bd. I, S. 287 f.; Bd. II, S. 126 f.). Aus lokalen Interessenvereinigungen wurde eine überregionale Massenorganisation, die sich parteiähnlich formierte, eigene Zeitungen begründete und in überregionalen Versammlungen nationale Geltung erlangte. Einfache Bürger könnten so durch Zusammenschluss gleichsam neue handlungsfähige Persönlichkeiten bilden (Bd. II, S. 348). Die Vielzahl solcher Assoziationen errichte ein Bollwerk gegen die negativen Potentiale der Gleichheit und vitalisiere zugleich die Bürgerschaft.

Die Möglichkeit der Assoziierung zur Bildung einer Gegenmacht zum Mehrheitsregime führte Tocqueville auf ein allgemeines Handlungsmotiv zurück, das seiner Ansicht nach die klassischen Tugendforderungen, wie sie noch die «Federalist Papers» wiederholten, ersetzte und für egalitäre Gesellschaften bestimmend war: den «wohlverstandenen Eigennutzen». Der «wohlverstandene Eigennutzen» oder aufgeklärte Selbstliebe, folge dem Prinzip, dass Kooperation durch eigene Interessen motiviert sei, da man in einer egalitären Gesellschaft nur zu seinem Ziel komme, wenn man sich verbünde und seine Handlungen mit denen anderer Menschen abstimme. «Die Lehre vom wohlverstandenen Eigennutz löst keine großen Opfertaten aus, regt aber täglich zu kleinen Opfern an; für sich allein vermag sie den Menschen nicht zur Tugend zu führen; sie formt aber eine Menge Bürger, die ordentlich, mäßig, ausgeglichen, vorsorgend, selbstbeherrscht sind; und lenkt sie auch nicht unmittelbar durch den Willen zur Tugend, so führt sie durch Gewöhnung nahe an diese heran.» (Bd. II, S. 140)

Auf allen Ebenen der Gesellschaft, von der privaten Interessenvereinigung bis zur nationalen Politik, sei das individuelle Verhalten vom wohlverstandenen Eigennutzen geprägt. Tocqueville meinte, dass dieses Handlungsprinzip so verinnerlicht sei, dass es auch dann zum Einsatz komme, wenn dem Individuum gar nicht klar sei, worin sein konkreter eigener Nutzen eigentlich bestehe. Es handelte sich also nicht um eine Wahlentscheidung, sondern um eine Gewohnheit oder Sitte im Sinne von Montesquieu.

Assoziationen unterscheiden sich laut Tocqueville nach Entstehung (natürliche und künstliche Assoziationen) und nach Zielsetzung (private, zivile, moralische, politische Ziele) voneinander. Natürliche Assoziationen gehören zur lokalen Lebenswelt, zur Gemeinde (Schule, Religion). Die bloße örtliche Nähe schafft hier eine Vereinigung von Menschen durch die Verfolgung nächstliegender Interessen. Künstliche Assoziationen sind dagegen Parteien und Interessenvereinigungen. Sie verfolgen konkrete Ziele, versammeln sich regelmäßig, organisieren sich bisweilen auch auf nationaler Ebene, haben oft eigene Publikationsorgane und können politischen Druck ausüben. Gründen Menschen Assoziationen zur Verfolgung nur gemeinsamer Vorlieben, die ohne größere Bedeutung für die Gesellschaft sind, so nennt Tocqueville sie «privat» (*associations privées:* Bd. II, S. 234 f.). Geht es um die Verfolgung gesellschaftlicher Ziele (Bildung, Religion), bezeichnet er sie als «zivil» (*associations civiles:* Bd. II, S. 123 ff.) oder «moralisch» (*associations intellectuelles et morales:* Bd. II, S. 127). Werden jedoch politische Ziele verfolgt, so handelt es sich um *associations politiques* (Bd. I, S. 216 ff.); hierzu zählen besonders die politischen Parteien.

Assoziationen machten Bürger mit politischen Problemen der Selbstorganisation vertraut. Viele Assoziationen nähmen quasi- oder krypto-staatliche Formen an, etwa durch die Ausbildung von Repräsentativorganen (Wahlen, nationale Versammlungen), übten den Umgang mit Öffentlichkeit (Pressearbeit, Kampagnenarbeit) und politischem Kampf (Gewinnung von Mehrheiten in Politik und Öffentlichkeit).

Assoziationen erlaubten es Bürgern, persönliche Erfahrung mit der Freiheit und ihrer Selbstorganisation zu machen. Nur Erfahrung im Sinne eines produktiven Umgangs mit der Freiheit, nicht Lehren oder Ideologien vermittelten die Einsicht in die Voraussetzungen und Grenzen angewandter Freiheit und verhinderten so anarchische Auswüchse (Bd. I, S. 222). Darin erkannte Tocqueville einen wesentlichen Unterschied zwischen Europa und Amerika. In Europa glichen die Parteien Armeen, die Mitglieder gehorchten wie Soldaten und verzichteten auf ihr eigenes Urteil. In Amerika dagegen blieben die Mitglieder unabhängig und strebten auf verschiedenen Wegen dem gleichen Ziel entgegen; sie blieben frei und unterwürfen sich nur dann der Parteiführung, wenn es ihnen nützlich erscheine (Bd. I, S. 224). Hier wird erkennbar, dass Tocqueville in der Demokratisierung der Gesellschaft nicht nur Gefahren, sondern auch Chancen für die Freiheit erkannte. Zugleich machte er deutlich, dass die Demokratisierung etwas ist, was am wenigsten mit der nationalen Regierungsweise zu tun hat, sondern im Verhalten der Bürger begründet ist.

Während Tocqueville historisch-soziologisch arbeitete, war John Stuart Mill (1806–1873) eher Philosoph, Logiker und Ökonom. Der «Nutzen», den Tocqueville im wohlverstandenen Eigennutzen in höchsten Tönen lobte und im Bereich der Kooperation untersuchte, war für Mill ein Begriff zur Abwägung von Interessen auf der gesamtgesellschaftlichen Ebene. Dem Begriff des Nutzens begegnete Mill zunächst in der Philosophie des Utilitarismus. Sein Vater James wollte zusammen mit seinem

Freund Jeremy Bentham, dem Begründer des Utilitarismus, aus John Stuart den vollendeten Utilitaristen machen. So wurde er zum Opfer eines Erziehungsexperimentes, dem er sich erst durch einen Nervenzusammenbruch 1826 halbwegs entziehen konnte. Seine berufliche Tätigkeit in der East India Company verlieh ihm eine relative finanzielle Unabhängigkeit, die es ihm erlaubte, einen Sitz im Unterhaus zu erringen. Schriftstellerisch reüssierte er zunächst mit breit angelegten Arbeiten zur Wissenschaftstheorie («System der Logik» von 1843) und Ökonomie («Grundsätze der politischen Ökonomie» von 1848). Seine bedeutendsten Werke als politischer Theoretiker erschienen erst später, dann aber in rascher Folge («Über die Freiheit» 1859, «Utilitarismus» 1861, «Betrachtungen über die Repräsentativregierung» 1861).

Mill rezensierte Tocquevilles Amerika-Bücher und hob besonders die Theorie von der Tyrannei der Mehrheit hervor, vernachlässigte aber Tocquevilles Assoziationslehre. Er sprach zu diesem Zeitpunkt von *rational democracy* («Tocqueville on Democracy» I, S. 71) und meinte damit nicht die Regierung durch das Volk, sondern die Gewähr, dass das Volk die beste Regierung erhält. Mill war der Demokratie gegenüber skeptisch eingestellt. In der Diskussion um die britische Parlamentsreform von 1832 beispielsweise gehörte er nicht zu den Befürwortern einer uneingeschränkten Demokratisierung des Wahlrechts.

Unter dem Eindruck der Forschungen von George Grote wandelte sich jedoch Mills Einstellung. Der Althistoriker Grote wog in seiner vielbändigen «History of Greece» (I und II: 1846, III-X: 1847–1856) die Nachteile und Vorzüge der demokratischen Institutionen in Athen ab und erkannte den Vorteil der direkt-demokratischen Partizipation des Volkes (einschließlich des berüchtigten Volksgerichts) in der praktischen Erziehung der Bevölkerung zur Politik und in der Vermeidung der Entstehung einer politischen Kaste.

Mill hob in seiner Rezension von Grotes Buch (1853 in der Edinburgh Review) hervor, dass die athenische Demokratie bei allen Mängeln (beginnend mit der Sklavenhaltung) ein unerreichtes Maß an *political education* gehabt habe, die erhebliche politische Energien für die Durchführung von Projekten der Allgemeinheit freisetzte. Dieser Umstand war für ihn in Hinblick auf die Integration der Arbeiterschaft in die Gesellschaft von großer Bedeutung. Analysierte Tocqueville die sozialen Bedingungen der Politik vor dem Hintergrund einer egalitären Gesellschaft, so hatte Mill die Klassengesellschaft vor Augen. In seinen Studien zur Politischen Ökonomie fragte er, wie die arbeitende Bevölkerung in den Stand versetzt werden könnte, sich politisch zu beteiligen. Dazu zählte er die *spontaneous eduction* durch revolutionäre Tätigkeiten oder in kooperativen Vereinigungen der Arbeiter, wie sie in Frankreich nach 1848 zu beobachten waren. Hinzu kamen Erwachsenenbildung und die Schaffung von Foren zur Beratung der Tagespolitik.

Wie schon für Marx, so bedeutete auch für Mill der Bonapartismus einen erheblichen Rückschlag für die Akzeptanz der Demokratieidee. Für Mill zeigte sich ferner, dass von der Demokratie auch eine große Gefahr für die Freiheit der Persönlichkeit ausgehen konnte. Seine Studie «Über die Freiheit» von 1859 war eine Reaktion auf den Bonapartismus-Schock, mit dem dieses Jahrzehnt begonnen hatte. Er folgte Wilhelm von Humboldts Theorie über die Grenzen der Staatlichkeit, einem Gründungsdokument des politischen Liberalismus im 19. Jahrhundert, wonach der Sinn der Kultur in der weitestgehenden Entfaltung der Persönlichkeit liege und sich die Aufgabe des Staates darin erschöpfe, dies zu unterstützen. Der Staat müsse daher die individuelle Freiheit der Entwicklung schützen und eine Vielfalt der Umgebung gestatten, Klassen- und Standesunterschiede ebenso wie kulturelle und regionale Unterschiede. Vor allem müsse das Individuum vor der sozialen Tyrannei der Mehrheit und ihrem Konformitätsdruck geschützt werden, weshalb es essentiell sei, dass der Staat unbedingte Rede- und Gedankenfreiheit gewähre.

Das Ausmaß der durch ein politisches System ermöglichten Freiheit ergibt sich laut Mill aus dem Wechselverhältnis von Regierung und Regierten. Achten die Wähler nicht darauf, die besten Kandidaten zu wählen, so sind sie selbst für die Mängel der Regierung verantwortlich. Die Güte einer Regierung zeigt sich u. a. an ihren Bemühungen, den Bildungsstand ihrer Bürger zu heben. Ein unzivilisiertes Volk werde für erste Fortschritte ein despotisches Regime benötigen (was dann später Entwicklungsdiktatur genannt wird). Die Freiheitlichkeit der Regierung zeige sich am freiwilligen Gesetzesgehorsam der Regierten als Ergebnis ihrer Fähigkeit, den Vorgang des Regierens zu verstehen. Das Verständnis für das Regieren erwachse dabei nicht aus theoretischer Bildung, sondern aus Erfahrungen in der politischen Beteiligung, die auch auf lokaler Ebene gewonnen werden können.

Laut Mill soll die Legislative die Regierung bestellen, beraten und kontrollieren, sie ist die zentrale Arena der Meinungen («Betrachtungen» Kap. 5), aber nicht die einzige: Mit Hilfe von Eisenbahnen und Zeitungen habe die öffentliche Meinung die Anwesenheit der Bürger auf der Agora der athenischen Demokratie ersetzt («Tocqueville on Democracy» II, S. 165). Mill schließt Empfänger von Armenhilfe ebenso vom Wahlrecht aus wie Analphabeten: bei Ersteren sei die Gefahr zu groß, dass sie ihre Stimme verkauften, Letztere könnten nicht an der öffentlichen Debatte teilnehmen. Mill gehörte andererseits zu den vehementesten Verfechtern des Frauenwahlrechts («The Subjection of Women» von 1869) und setzte sich auch dafür ein, drang aber im parlamentarischen Kampf nicht durch.

Das Parlament muss laut Mill die an der Meinungsbildung beteiligten Bevölkerungsteile repräsentieren und sollte hierzu nach dem Verhältniswahlrecht gewählt werden. Er übernahm hierbei den Entwurf eines proportionalen Wahlrechts von Thomas Hare («Treatise on the Election of Representatives, Parliamentary and Municipal» von 1859). Für Mill erlaubte die Proportionalwahl die Repräsentation aller Segmente der Bevölkerung, auch von Minoritäten, zu welchen er die Gebildeten zählte. Sie stellten ein Gegengewicht zur «kollektiven Mediokrität» dar, die unter einem Mehrheitswahlrecht und bei großen Wählermengen unweigerlich gewählt werde. Mill gestand den Gebildeten sogar ein Pluralwahlrecht zu. Damit reagierte er auf Vorgänge in den USA, wo er zu beobachten vermeinte, dass die Gebildeten bereits die Kandidatur zum Kongress scheuten, um sich nicht dem Druck der Mehrheit auszusetzen («Betrachtungen» Kap. 7).

Das Parlament sollte laut Mill das Zentrum der politischen Meinungsbildung sein. Unbelastet von der Regierungstätigkeit sollten im Parlament alle Meinungen der Öffentlichkeit und von Interessengruppen einfließen und durch öffentliche Diskussion zu einer Gesamtmeinung umgeformt werden. Von der individuellen Meinungsfreiheit bis zum Meinungsaustausch im Parlament war Mill darum bemüht, die Qualität der Gesetzgebung durch ihren ständigen Austausch mit der Öffentlichkeit sicherzustellen. Die öffentliche Partizipation stellte wiederum die Integration auch einer pluralen, klassengespaltenen Gesellschaft sicher. Mill wurde so zu einem der vehementesten Befürworter der parlamentarischen Demokratie, wobei er unter Demokratie keinen unterschiedslosen Egalitarismus verstand. Tocqueville hatte demgegenüber, diesseits von Regierungssystem und Rechtssystem, die gesellschaftliche Selbstorganisation der Bürger in den Demokratiebegriff aufgenommen. Das von Tocqueville beschriebene Assoziationswesen wird heute zusammenfassend und unter Berufung auf ihn «Zivilgesellschaft» genannt, wobei Tocqueville auch die lokale Selbstverwaltung und das Parteiwesen hierzu zählte.

9. Max Weber und John Dewey: die Idee der Demokratie zwischen Realismus und Idealismus

Der Erste Weltkrieg endete mit dem Sieg der Demokratie: Nicht nur hatten die USA als größte Demokratie ihrer Zeit den Ausschlag gegeben, Länder wie Großbritannien, Italien und Deutschland wurden durch die Ausweitung des Wahlrechts nun selbst zu Demokratien, wobei das Frauenwahlrecht sich erst in den folgenden Jahren vollständig durchsetzte (in den USA 1920, in Frankreich erst 1944). Die Demokratisierung konfrontierte die Politische Theorie mit neuen Problemstellungen: die Konkurrenz von direktdemokratischer und repräsentativer Willensbildung und Legitimität, das Verhältnis der gewaltig anwachsenden Administrationen zur Politik, die Frage der inneren politischen Bindung der Bevölkerung, die heterogen zusammengesetzt war und zugleich – mit Rousseau gesprochen – die schwerste aller Bürden trug, nämlich die Freiheit.

John Dewey (1859–1952), der amerikanische Demokratietheoretiker aus der Schule des Pragmatismus und Max Weber (1864–1920), Soziologe und politischer Theoretiker aus der Schule des Neukantianismus, gehörten der gleichen Generation an, vertraten aber zwei unterschiedliche Ansätze, die man pauschal als Idealismus und Realismus des politischen Denkens bezeichnen könnte. Weber stand in der kontinental-europäischen Tradition der Staatlichkeit, Dewey dagegen in der angloamerikanischen Tradition der Selbstregierung. Während Dewey die Demokratieidee gegen alle zeitgenössische Kritik vehement verteidigte und davon überzeugt war, dass die Menschen durch Erfahrung und Erziehung in die Rolle demokratischer Bürger hineinwachsen können, definierte Weber alle Politik über Macht und leitete Wert und Unwert der Demokratie hieraus ab. Weber und Dewey markieren also zwei Pole der Theoriebildung.

Max Weber war Mitbegründer der modernen Sozialwissenschaft, zu welcher er neben gesellschaftlichen Fragen im engeren Sinne auch ganz selbstverständlich die Ökonomie, Rechtswissenschaft, Religionswissenschaften sowie die Politik zählte. Ihn interessierten die Wechselbeziehungen von Handlungsmotiven und Lebensführung, so etwa zwischen religiöser Orientierung und wirtschaftlicher Tätigkeit («Die protestantische Ethik und der ‹Geist› des Kapitalismus»). Mit seinem wachsenden politischen Engagement, vor allem während des Ersten Weltkrieges, traten Studien zu vielen Bereichen der Politik immer mehr in den Vordergrund, in denen er mit zunehmender Schärfe für eine Parlamentarisierung des Kaiserreichs eintrat. Weber war nach Ende des Krieges an der Gründung der Weimarer Republik unmittelbar beteiligt, beriet die Regierung bei der Abfassung des Verfassungsentwurfes und war Mitbegründer der Deutschen Demokratischen Partei, für die er auch Wahlkampf bestritt.

Weber diskutierte systematische Fragen der Politik, um tagespolitische Probleme auf ein systematisches Niveau zu heben, in Schriften wie «Wahlrecht und Demokratie in Deutschland» von 1917 und die Artikelserie in der Frankfurter Zeitung von 1917, die er 1918 zur Monographie «Parlament und Regierung» verarbeitete. Am bekanntesten ist seine kleine Studie «Politik als Beruf», die Ausarbeitung einer vor Münchener Studenten im Januar 1919 gehaltenen Rede.

Die moderne Gesellschaft ist laut Weber generell durch eine Zunahme an rationaler Gestaltung der Lebenswelt und durch bürokratische Strukturen gekennzeichnet. In politischer Hinsicht schlage sich das in der Durchsetzung anstaltlicher Staatlichkeit nieder, charakterisiert durch das physische Gewaltmonopol und die Verwaltung. Das bedeute aber nicht, dass Politik immer «rationaler», friedlicher und berechenbarer werde. Weber ging von einem Nebeneinander von bürokratisch-rationaler Effizienz und, vom diesem Standpunkt aus betrachtet, irrationaler Motivation und Zielsetzung aus. Rationalität war bei Weber kein uneingeschränkt positiv besetzter Begriff. Die Rationalisierung der Lebenswelt nach dem Muster bürokratischer Verwaltung sah er als Bedrohung an und nannte die damit verbundene Aussicht «das eherne Gehäuse der Hörigkeit». Einerseits nämlich erweitere die Bürokratie die Effizienz und damit auch die Leistungskraft menschlicher Kooperation, weshalb dieser Form der Rationalisierung auch unweigerlich die Zukunft gehöre, andererseits schmälere der gleiche Umstand die Freiheit der persönlichen Lebensgestaltung. Das habe wiederum mit dem Zusammenhang von Bürokratisierung und Demokratisierung der Gesellschaft zu tun.

Unter den modernen Bedingungen der Industriegesellschaft mit einer Massenbevölkerung ist laut Weber eine intensive und aktive Partizipation der Bürgerschaft, etwa nach dem Vorbild der antiken Demokratie, illusionär. Stattdessen sprach Weber von der «Massendemokratie», womit eher ein sozialer Zustand als eine Regierungsform gemeint war. Kennzeichen der Massendemokratie sei die Notwendigkeit jedes politischen Systems, auf die Bedürfnisse der Bevölkerung in ihrer Masse, ob sie zur politischen Partizipation berechtigt sei oder nicht, Rücksicht nehmen zu müssen. Das nannte Weber passive Demokratisierung. Politische Herrschaft und nicht Selbstregierung sei das Kennzeichen der Massendemokratie, die Masse könne sich nicht selbst regieren, es sei immer eine kleine Zahl an Akteuren, die politische Direktiven ausgebe. Zur Massendemokratie gehöre ein Dreieck an Akteuren: die passive Masse der Wählerschaft, die aktive Führungsspitze und die jeweilige Gefolgschaft, die sich in der Massendemokratie vor allem aus den Parteien und ihrem Personal zusammensetzt. In der Massendemokratie bestehe die Aufgabe der Politik darin, Gefolgschaft und Gehorsam für diese Direktiven zu finden. Wie dies gelingt, untersuchte Weber in seiner Herrschaftssoziologie.

Weber unterschied darin zwischen Macht und Herrschaft, wobei Macht die Chance meint, sich auch gegen den Willen von Menschen durchsetzen zu können, Herrschaft dagegen definiert eine soziale Beziehung, in welcher die Anordnungen des Herrschers auf den Gehorsam der Beherrschten treffen. Politik sei Kampf um Macht, sie sei aber auch Organisation von Macht etwa in Gestalt des modernen Staates, der erfolgreich das physische Gewaltmonopol für sich behaupte und so den zivilisierten Streit ermögliche. Die Rede von «Herrschaft» ist irreführend: Weber zählte ausdrücklich auch Autorität darunter, während der «Gehorsam» nicht nur die dumpfe Gewöhnung (Kadavergehorsam) meinte, sondern vor allem den freiwilligen Gehorsam, der aus Kalkül oder aus Überzeugung erfolgt. Herrschaft sei immer auf ein bestimmtes Minimum an «Gehorchenwollen» angewiesen («Wirtschaft und Gesellschaft» hg. von Winckelmann S. 122). Das wichtigste Merkmal der Herrschaft sei der Glaube der Gehorchenden an die Richtigkeit der Anordnung, an ihre «Legitimität».

Weber nannte drei Idealtypen der Legitimität, die er nur zwecks heuristischer Klarheit trennte, die in der Wirklichkeit aber nie in «Reinform» vorkämen, sondern nur in Mischungen:

1) Die traditionale Herrschaft, begründet auf «unvordenklicher Geltung und gewohnheitsmäßiger Einstellung» zum Zwecke der Einhaltung der «Sitte», etwa die dynastisch vererbte Herrschaftsposition. 2) Die auf der «außeralltäglichen persönlichen Gnadengabe», dem Charisma, gegründete Autorität, wie sie in den Augen der Beherrschten Heldentum oder die Nähe zu Offenbarungen verleiht, und die auf der Redegewalt begründete Demagogie. Hier ist die Autorität nicht vererbt und durch Satzung verliehen, sondern beruht auf der Person des Herrschers. 3) Die Herrschaft «kraft des Glaubens an die Geltung legaler Satzung», die Legalität. An Stelle des Charismas tritt hier die sachliche Kompetenz und der Gehorsam besteht in der «Erfüllung satzungsgemäßer Pflichten» wie sie der moderne «Staatsdiener» kennt.

Weber erörterte 1917 zudem den Gedanken einer auf politischer Selbstregierung der Bürgerschaft beruhenden und durch regelmäßigen Austausch von Regierenden und Regierten gekennzeichneten magistratischen Legitimität, die er jedoch historisch nur in der Lebenswelt des Stadtstaates für möglich hielt (Wirtschaft und Gesellschaft, hg. von Hanke/Baier, S. 752–756). Die Stadt war jedoch in seinen Augen kein geeignetes Modell zum Verständnis der Massendemokratie mit ihrer großen und zugleich heterogenen Bevölkerung.

Der am meisten diskutierte Aspekt von Webers Herrschaftssoziologie ist die charismatische Herrschaft. Dieser Typus wird zu Rate gezogen, um die Herrschaft von Personen wie Adolf Hitler zu verstehen, die man sich anders nicht vollständig erklären kann. Max Webers eigene Beispiele zeigen aber, dass seine Intentionen breiter angelegt waren; Charismatiker sind demagogische Redner der athenischen Demokratie (Perikles) ebenso wie Propheten im altisraelitischen Jerusalem (u. a. Jesus von Nazareth), sie können erfolgreiche Kriegsherrn sein (im Ersten Weltkrieg Hindenburg), und vor allem Revolutionäre wie Lenin. Die Hingabe der Beherrschten an den Träger des Charismas sei das hauptsächliche Kennzeichen. Nur durch diese Hingabe glauben die Anhänger, Anteil an der Begnadung selbst zu haben. Die Gefolgschaft gleiche daher eher einer Jüngerschaft als einem Verwaltungsstab. Die Hingabe der Gefolgschaft sei aber nur die Reaktion auf die Hingabe des Charismatikers an seine Sache, der er sich verpflichtet fühle. Er herrsche nicht willkürlich wie ein Tyrann, sondern vermittle den Eindruck, er handle im Auftrag der Sache. Die Hingabe eröffne politisches Verhalten, das bis zur Selbstaufgabe reiche; kein Herrschaftstypus sei so sehr imstande, die Kraft der Tradition oder der Gewohnheit, auch der verfahrensmäßigen Routine der Verwaltung zu durchbrechen wie das Charisma, weshalb es Weber als die große revolutionäre Kraft in der Moderne bezeichnete («Wirtschaft und Gesellschaft» hg. von Winckelmann S. 142–143).

Die exzeptionelle Stellung des Charismas werde durch die Veralltäglichung der Herrschaft bedroht. Es verblasse schon zu Lebzeiten und spätestens mit dem Tod des Charismatikers drohe die Herrschaft an der Nachfolgefrage zu zerbrechen. Während die legale Herrschaft am ehesten auf einzelne Personen verzichten könne, weil diese ersetzbar wären, sei das Charisma am meisten von der außeralltäglichen Persönlichkeit abhängig und deshalb labil.

Politische Partizipation der Wählerschaft beschränke sich in der Massendemokratie auf die Auswahl der Führerpersönlichkeiten, die das Vertrauen der Massen genießen. In der Demokratie sei also das Charisma besonders bedeutsam. Demokratische Legitimation hat für Weber nichts zu tun mit Volkssouveränität, sondern ist Folge einer «herrschaftsfremden» Umdeutung des Charismas («Wirtschaft und Gesellschaft» hg. von Winckelmann S. 156): Der begnadete Herr werde zum frei gewählten Führer, die Gnadengabe übertrage sich auf den Wahlakt und versehe den Wahlsieger mit mehr als nur dem nüchternen Auftrag zur legalen Herrschaft.

Weber fürchtete die demagogischen Gefahren demokratischer Führerauslese. Der emotionale Appell an die Massen könne die sachlichen Aspekte der Politik verdunkeln. Andererseits fürchtete Weber auch die reine Versachlichung der Politik in dem Sinne, dass sie zu einem bloßen Gegenstand der Massenverwaltung werde. Er war nicht gegen Führer, er sah in ihnen sogar die einzige Chance, dem «ehernen Gehäuse der Hörigkeit», wie sie Bürokratien darstellen, ideell motivierte Politik entgegenzustellen. Denn über die Auswahl der Führer entschieden demokratische Wählerschaften auch über die Ideen, die mit diesen Personen verbunden sind.

Das politische Personal unterschied Weber danach, ob sie «für die Politik leben» oder «von ihr». Zwar setze auch die moderne Politik Bürokratisierungs- und Verwaltungsleistungen voraus und verlange daher einen professionellen Umgang, insbesondere bei der Organisation von Parteien; aber «Führung» leisteten nur diejenigen, die «für» die Politik lebten. Parteifunktionäre wie Ministerialbeamte lebten von der Existenz des Gehäuses und hätten ein Interesse an seiner Aufrechterhaltung. Die Ideen, für die sich Apparate dann professionell einsetzten, kämen nicht aus ihrem Innern, sie würden zugetragen. Personen, die zur Verwirklichung von Ideen politisch aktiv würden und andere für ihre Überzeugungen gewinnen könnten, seien «Führer».

Für die Politik zu leben verlangt laut Weber drei Qualitäten: Leidenschaft, Verantwortungsgefühl und Augenmaß. Alle drei Aspekte bedingten einander, wobei sich Leidenschaft und Augenmaß konkurrierend gegenüberstünden und das Verantwortungsgefühl für Weber jene Qualität ist, die sowohl Leidenschaft wie Augenmaß moderiert. Augenmaß meine die «Fähigkeit, die Realitäten mit innerer Sammlung und Ruhe auf sich wirken zu lassen» («Politische Schriften» S. 546). Der sich leidenschaftlich betroffen fühlende Intellektuelle schrecke davor zurück, politische Verantwortung zu übernehmen. Die kühlen Sachwalter in den Apparaten hätten keine innere Verpflichtung gegenüber der Sache, für die sich der leidenschaftliche Politiker mit Hingabe einsetze und für die er Verantwortung zu übernehmen bereit sei. Weber machte keinen Unterschied hinsichtlich des Inhalts der Sache, der sich ein Politiker aus innerer Berufung verschreibt, ob Pazifismus oder nationale Interessen, Revolution oder Seelenheil.

Weber wollte die Vorzüge der Bürokratie mit ihrem effizienten Rationalismus, der Sachlichkeit ihres Geschäftsganges und der

Leistungsfähigkeit, auch Massenbevölkerungen und ihre steigenden Bedürfnisse an Leistungen des Staates zu verwalten, mit politischer Führung verknüpfen. Der Ort hierzu war seiner Überzeugung nach das Parlament. Es müsse offen sein für besonders begabte politische Führungspersönlichkeiten, die beispielsweise den Anstoß für tiefgreifende Strukturreformen geben könnten oder die imstande seien, wie im Falle Deutschlands nach dem Weltkrieg, die Folgen einer Kriegsniederlage zu tragen und die enttäuschten und darbenden Massen an die politische Ordnung zu binden. Zugleich biete der Parlamentarismus Leistungen, die kein charismatischer Führer ersetzen könne: die Erarbeitung des unausweichlichen und doch so schwierigen Kompromisses zwischen den verschiedenen Konfessionen, sozialen Schichten und politischen Ideologien («Politische Schriften» S. 287). Das Parlament erlaube ferner die reibungslose Nachfolge politischer Führer und bewahre zugleich die «staatsrechtlichen Garantien der bürgerlichen Ordnung» («Politische Schriften», S. 401), die auch gegen Charismatiker geschützt werden müssten. Nicht zuletzt vermöge das Parlament mit seinem arbeitsteiligen Modell die Verwaltung selbst zu kontrollieren.

Wenn Weber die realistische Demokratietheorie begründete, die sich nicht von den ideellen Versprechen der Demokratie als Volkssouveränität oder Emanzipation der Massen blenden lässt, so war er doch Realist genug, um auch die tatsächliche Bedeutung ideell motivierter Politik zu ermessen und sie nicht zynisch zu ignorieren. Das Machbare zu erreichen sei oft nur möglich, weil man das Unerreichbare anstrebe («Politische Schriften» S. 560).

John Dewey war der wichtigste Vertreter des Pragmatismus seiner Generation und maß der durch das Handeln gewonnenen Erkenntnis größte Bedeutung zu. Politisch gehörte er zur Bewegung des Progressivismus, die die Lebensbedingungen der Gesellschaft verbessern wollte und hierfür eine stärkere Intervention der Gesetzgebung forderte. Demokratie war für Dewey nur in zweiter Linie eine Regierungsform. Im Vordergrund stand für ihn die Demokratie als Lebensform, in welcher eine bestimmte Ethik gedeiht, eine schon 1888 von ihm vertretene

Auffassung («The Ethics of Democracy»). Die Stärke der Demokratie als Lebensform sei die Hervorbringung des *common man,* der mit gesundem Menschenverstand selbst Problemlösungen suche. Daher verteidigte Dewey später auch die Demokratie und ihre Offenheit gegen den ideologischen Dogmatismus totalitärer Systeme («Faith in Democracy» von 1934).

In den USA war Deweys Optimismus keineswegs repräsentativ, er sah sich mit einer zunehmend realistischen Wendung in der amerikanischen Soziologie und Politikwissenschaft konfrontiert, veranlasst durch die Erfahrung des Ersten Weltkrieges. Die größte Demokratie der Erde hatte den Krieg entschieden und die Welt sicherer gemacht für die Demokratie, wie Präsident Wilson es als Kriegsziel formuliert hatte. Der Krieg hatte aber auch Facetten der Demokratie gezeigt, die Skepsis provozierten. Die Propagandatechnik des Krieges initiierte die politische Kommunikationsforschung von Walter Lippmann (1889–1974), der 1922 in «Public Opinion» zu dem Schluss kam, dass angesichts der modernen Möglichkeiten zur Formung der öffentlicher Meinung, die Demokratietheorie die Bedeutung unabhängiger Urteilskraft des Bürgers überschätzt habe. Da Menschen ihre Welt durch «Stereotypen» hindurch wahrnähmen und beurteilten, könnten Politiker in Kenntnis dieses Umstandes und unter Ausnutzung des Mechanismus der Öffentlichkeit die Vielfalt der Wirklichkeit zu einer binären Frage nach einem «ja oder nein» reduzieren («Public Opinion», Kap. 14). Lippmann erklärte 1925 die öffentliche Meinung, jene große legitimierende Kraft der Demokratie, zum «Phantom»: Menschen äußerten nicht von der Öffentlichkeit unabhängige, authentische Meinungen, die sich dann durch Mehrheitsbildung zu einem Allgemeinwillen formten, sondern sie brächten sich in Übereinstimmung *(alignment)* mit vorgefertigten Meinungen, reagierten also auf vorgeformte Vorschläge mit Zustimmung oder Ablehnung («The Phantom Public» von 1925, Kap. 4). Die Öffentlichkeit könne nur die Plausibilität der Meinungen von Entscheidungsträgern prüfen, inhaltliche Fragen müssten Experten überlassen bleiben.

Auf Lippmanns Theorie reagierte John Dewey 1927 mit «The Public and its Problems». Er teilte Lippmanns Kritik an der falschen Vorstellung vom omnikompetenten Individuum («Die Öffentlichkeit und ihre Probleme», S. 136). Diese Annahme sei unter den modernen Lebensbedingungen und unter modernen politischen Strukturen unmöglich, wenn sie je wahrscheinlich und mehr war als eine bloße Wunschvorstellung. Deweys Antwort auf die Mängel der Demokratie lief aber nicht auf weniger Demokratie hinaus und auf die Akzeptanz expertokratischer oder gar autoritärer Elemente, sondern auf mehr Demokratie.

Dewey lehnte ideell formulierte Prinzipen wie Freiheit, Gleichheit und Brüderlichkeit als vermeintlich unverrückbare Zielnormen der Demokratie ab (S. 129 f.): Vom tatsächlichen Gemeinschaftsleben getrennt seien sie «hoffnungslose Abstraktionen». Freiheit sei die Entfaltung persönlicher Potentiale, die nur im Gemeinschaftsleben möglich werde; Gleichheit sei nur gerecht gemessen an den individuellen Fähigkeiten und Bedürfnissen in einer Gemeinschaft und Brüderlichkeit sei nichts als die Wertschätzung der in Gemeinschaftlichkeit entstehenden Güter. Es existiere kein abstrakter Maßstab für die Realisierung dieser Prinzipien.

Selbst Prinzipien wie das universale Wahlrecht, regelmäßige Wahlen, das Mehrheitsprinzip sowie der Institutionenaufbau von Legislative und Exekutive sind für Dewey nicht «sakrosankt»: Sie seien als Mittel entstanden, um bestimmte Aufgaben zu lösen und könnten mit dem Wechsel der Aufgaben auch wieder ihre Gestalt ändern (Kap. 5). Beispielsweise sei ein blindes, situationsignorantes Festhalten an der Mehrheitsregel «Irrsinn» (Kap. 6).

Der Inbegriff der Demokratie sei das Gemeinschaftsleben, worin idealiter die Gemeinschaft ein von allen geteiltes Gut sei und alle nach Kräften bemüht seien, sie zu erhalten und zu pflegen. Dieses Ideal sei in dieser Reinheit unerreicht und zugleich in unterschiedlichem Ausmaß in der tatsächlichen Wirklichkeit stets vorhanden. Diese Idee der Gemeinschaft lebe auch nicht von einer antiken, als homogen gedachten Gesellschaft, sie setze bestimmte moderne Entwicklungen wie hohe Mobilität, Industrialisierung und Öffentlichkeit voraus.

Dewey ging nicht von der Existenz «einer» Öffentlichkeit oder «eines» öffentlichen Raumes aus. Vielmehr gebe es zu viele Öffentlichkeiten, zu viele Gegenstände des öffentlichen Interesses, als dass es klare Aussagen über Inhalt und Grenzen «des» öffentlichen Interesses oder des Gemeinwohls geben könnte. Öffentlichkeit sei auf die Organisation und damit auf politische Ordnung hin angelegt, nicht auf Gemeinschaft. Der Sinn der Öffentlichkeit liege auch nicht im bloßen Meinungsaustausch, sondern in der Vorbereitung gemeinsamen Handelns und das sei ohne politische Ordnung undenkbar. Wähler seien freilich ebenso Teil der Regierung wie Amtsträger und beide stünden im gleichen Konflikt, ihre persönlichen Interessen mit jenen der Allgemeinheit vereinbaren zu müssen. Die Bedeutung der Öffentlichkeit sei allerdings so angewachsen, zugleich aber auch die Teilnahme an ihr, dass dies zur Desorientierung und Verwirrung und damit auch zur leichteren Manipulierbarkeit führe. Meinungsfreiheit sei unerlässlich, aber keine Garantie für das Zusammenwirken von Öffentlichkeit, (staatlicher) Organisation und (gesellschaftlicher) Assoziation.

Das Grundproblem des Auseinandertretens von Gemeinschaft und politischer Ordnung wollte Dewey durch Erziehung und durch Erfahrung mildern. Nicht weniger Demokratie, sondern mehr demokratische Praxis schule den Menschen zum verantwortlichen Mitglied der Gemeinschaft. Aus der pluralen Massendemokratie, der *great society,* eine *great community,* eine wahre Demokratie zu machen, bleibe damit eine permanente Aufgabe, die nie zu einem Ende kommen werde.

Auf Anhieb könnte man meinen, Webers Position sei typisch für eine kontinental-europäische Denkweise, die, vom Etatismus geprägt, die Demokratieidee für überschätzt und auch für gefährlich erachtet, während Deweys positive Einstellung zur Demokratie repräsentativ sei für die amerikanische Erfahrung mit der Demokratie als dem Kennzeichen ihres eigenen Systems. Beide sprechen aber Hauptprobleme der modernen Demokratie an: die große Anzahl der beteiligten Personen in der Massendemokratie, die Vielzahl heterogener Interessen, die vermittelt werden müssen und die Überforderung des Individuums an moderner Politik in einer Weise zu partizipieren, wie es die Aufklärung erwartet hatte. Staatlichkeit und Öffentlichkeit sowie gesellschaftliche Selbstorganisation sind unvollkommene Lösungen, wobei Weber stärker auf spezifisch politische Selbstorganisation in Gestalt von Parteien setzt, während Dewey Politik als eine Form der Assoziierung von Menschen ansieht. Doch weder Weber noch Dewey überschätzen die Problemlösungskapazität von Staaten oder von der Öffentlichkeit.

10. Carl Schmitt und Max Horkheimer: politisches Denken in der Epoche totalitärer Regime

Die Zwischenkriegszeit und das Aufkommen totalitärer Regime, namentlich der Nationalsozialismus, führten zu einer Zeit der politischen Desorientierung. Die Praxis der Demokratie löste selbst bei ihren Anhängern Irritationen bezüglich des qualitativen Resultats demokratischer Politik aus. Zugleich kamen in kürzester Zeit politische Ideologien wie der Bolschewismus, scharfe Formen des Nationalismus wie der Faschismus in Italien sowie rassistische Weltanschauungen wie der Nationalsozialismus empor und konkurrierten um die Akzeptanz bei der Bevölkerung. Der Wunsch nach Wiedergewinnung der politischen Steuerbarkeit der Gesellschaft führte zu erstaunlichen begrifflichen und theoretischen Kombinationen oder aber es verbreitete sich Fatalismus in Hinblick auf die Möglichkeit menschlicher Selbstregierung.

Carl Schmitt (1888–1985) war ein im Kaiserreich sozialisierter Jurist, der in der Zeit der Weimarer Republik zu einem führenden, zugleich hochumstrittenen politischen Theoretiker wurde. Die deutsche Rechtswissenschaft war auf den Staat als dem Zentrum von Politik und Rechtsordnung ausgerichtet, ihre maßgebliche Textgattung war die «Staatslehre». Für Schmitt war Staatlichkeit der Gipfel menschlicher Zivilisation, doch er bezweifelte immer mehr, dass der Staat tatsächlich noch diesen Rang einnahm. Dabei schien der Erste Weltkrieg zunächst den Vorrang des Staates zu bekräftigen: Entgegen aller Bestrebungen, etwa der Arbeiterschaft, auf Internationalisierung setzte sich die Loyalität zum Nationalstaat durch. Aber Schmitt sah den Staat im Niedergang begriffen. Die Demokratisierung führte zu einer Unterwanderung des Staates mit parteipolitischen Akteuren, die teilweise international orientiert waren. Schmitt befürchtete, dass die Einbeziehung aller gesellschaftlichen Kräfte in den Prozess der staatlichen Willensbildung (Pluralismus) zu seiner Auflösung führen würde. Die politische Einheit, die der Staat mit seinem hierarchischen Apparat verkörperte, drohte verloren zu gehen.

Um klären zu können, ob und wie politische Einheit vorhanden war, reichte also der Blick auf die formalen Konturen des Staates nicht mehr aus. Schmitt postulierte daher, dass der Begriff des Staates den Begriff des Politischen voraussetze, wobei das Politische dort liege, wo die Entscheidung zwischen Freund und Feind falle («Begriff des Politischen» von 1932). Mit dem Feind ist nicht der Gegner im politischen Prozess gemeint, sondern das existenziell Andere. Der Inhalt dieser Entscheidung kann laut Schmitt variieren: ob Klassenfeind, verfeindete Nation, eine bestimmte Form der Artgleichheit und Artfremdheit in rassischer oder kultureller Hinsicht, maßgeblich sei nur die Fähigkeit, überhaupt eine solche Entscheidung zu treffen, die mit der Entschlossenheit verbunden sein müsse, wenigstens potentiell den Feind auch vernichten zu wollen. Das nannte Schmitt die substantielle Entscheidung. Eine Bevölkerung sei ein politisch existierendes Volk und nicht nur eine beliebige Menschengruppierung, wenn es zu einer substantiellen Entscheidung imstande sei («Begriff des Politischen», S. 51). Sei sie dies nicht, so überlasse sie diese Entscheidungen anderen und sei Klientelvolk oder Kolonialvolk, aber kein politisches Volk mehr.

Schmitts Theorie entstand vor dem Hintergrund seiner Befürchtung, dass Deutschland, nachdem es den Krieg verloren hatte und völkerrechtlich mit der Kriegsschuld gebrandmarkt war, mit Hilfe des gleichfalls im Zuge der Versailler Friedensverhandlungen geschaffenen Völkerbundes dauerhaft unterdrückt werden sollte. Im Zuge dieser ideenpolitischen Konstellation musste Schmitt die grundsätzliche Frage klären, wer eigentlich Normen mit Geltung für wen geben könne. Das Gehäuse der klassischen Staatlichkeit mit seiner Vereinigung von Staatsvolk, Staatsgewalt und Staatsterritorium hatte hierzu eine klare Aussage machen können. Angesichts von Vorgängen wie der Relativierung der staatlichen Qualität Deutschlands durch die Siegermächte des Ersten Weltkrieges und der gleichzeitigen Entstehung neuer Staaten auf den Gebieten ehemaliger Vielvölkerstaaten in Mittel- und Osteuropa war laut Schmitt diese selbstverständliche Leistung des Staatsbegriffs verloren gegangen.

In dieser Situation lief Schmitts Bestreben darauf hinaus, den Demokratiebegriff so umzudefinieren, dass er imstande war, Staatlichkeit zu restituieren und nicht aufzulösen. Dazu trennte er Liberalismus und Demokratiegedanken voneinander («Geistesgeschichtliche Lage» von 1926). Seiner Ansicht nach lief der Liberalismus mit seiner unterschiedslosen Forderung nach Menschenrechten sowie der pluralen Anerkennung aller Ideologien und Religionen auf eine Auflösung der Staatlichkeit hinaus. Schmitt beharrte demgegenüber darauf, dass jede politische Ordnung ein Außen haben müsse, von dem es sich abgrenze. Dies zugunsten einer universalistischen Rechtsordnung aufzugeben würde bedeuten, die Menschen zu Objekten einer Verwaltung zu machen und ihnen die Möglichkeit zu nehmen, ihr Schicksal selbst zu bestimmen. Mit der Einebnung politischer Grenzen sah Schmitt nur den Zugriff jener sozialen Mächte erleichtert, die am ehesten davon profitierten, und das waren seiner Ansicht nach vor allem wirtschaftliche Interessen. Demgegenüber beharrte Schmitt auf dem Primat des Politischen, verstanden als Selbstbestimmung eines Volkes.

In einer Demokratie bezieht sich die substantielle Entscheidung laut Schmitt auf die Festlegung des Maßstabes der Gleichheit. Er kontrastierte die «bürgerliche» bzw. «liberale» mit der «demokratischen» Gleichheitsvorstellung. Erstere denke Gleichheit von einer individualistisch-humanitären Lebensanschauung aus, in welcher alle Individuen, ungeachtet ihrer Zugehörigkeit zu einem Volk, gleich seien («Geistesgeschichtliche Lage» S. 18). Ein solches Gleichheitsverständnis ist laut Schmitt zu einer politischen Entscheidung außerstande: «Eine Gleichheit, welche keinen anderen Inhalt hat als die allen Menschen von selbst gemeinsame Gleichheit wäre eine unpolitische Gleichheit, weil ihr die Korrelation einer möglichen Ungleichheit fehlt. Jede Gleichheit bekommt ihre Bedeutung und ihren Sinn durch die Korrelation einer möglichen Ungleichheit» («Verfassungslehre» von 1928, S. 227).

Politische Begriffe zeichneten sich generell durch die Möglichkeit einer Unterscheidung aus; sofern die Demokratie ein in diesem Sinne politischer Begriff sein solle, könne sie nicht auf der gleichen «Unterschiedslosigkeit aller Menschen» beruhen, sondern nur auf der «Zugehörigkeit zu einem bestimmten Volk» («Verfassungslehre» 227). Schmitt interpretierte daher die herkömmliche Forderung nach der «Gleichheit des Gesetzes» dahingehend um, dass sie in einer Demokratie nur für die Bürger des Volkes gelte, nicht unterschiedslos für alle Menschen.

Gegenwärtig habe sich die Idee der Nation als Substanz der Demokratie durchgesetzt. Schmitt vermeinte aber auch eine Nähe des Demokratiegedankens zum italienischen Faschismus und zum russischen Bolschewismus zu erkennen, insofern dort eine klare Aussage zur Frage der Zugehörigkeit zu einem Volk gemacht werde. Wie freilich eine von vornherein heterogen zusammengesetzte Bevölkerung mit unterschiedlichen Konfessionen sowie nationalen Minderheiten, wie es die deutsche war, eine politische Einheit finden konnte jenseits der liberalen Bestimmung des Volkes als der Summe von Rechtsträgern, darüber wusste Schmitt nichts zu sagen.

Nach der «Machtergreifung» der NSDAP akzeptierte Schmitt eine nationalsozialistische Festlegung der Gleichheit als «Artgleichheit» und äußerte die Hoffnung, dass diese inhaltliche Festlegung dem Staat neue Stabilität geben würde und zugleich die neuen Machthaber daran hindere, willkürlich Normen zu erlassen («Staat, Bewegung, Volk» von 1933 S. 42). Er vergaß aber zu sagen, dass mit dem offenkundigen Wegfall der rechtsstaatlichen Institutionen jede Überprüfung unmöglich geworden war, ob nun Willkür oder Gesetze herrschten. Wie Leo Strauss schon 1932 kritisierte, war Schmitt außerstande, inhaltliche Kriterien dafür anzugeben, welche Entscheidung zu kritisieren sei und welche nicht, weshalb er sich im Ergebnis noch liberaler verhielt als der von ihm kritisierte Liberalismus.

Schmitt musste rasch erkennen, dass der Nationalsozialismus nicht klassische Staatlichkeit restituieren, sondern seine Machtstellung absichern wollte. Seine Verteidigung von Staatlichkeit war gescheitert, weshalb er nun vom Staatsbegriff abrückte und sich auf den Raumbegriff konzentrierte. Zunächst experimentierte er mit dem Begriff des «Großraums». Wenn der Staat nicht mehr ohne weiteres Volk, Staatsgewalt und Territorium begrifflich vereine und so die legitime Quelle der Rechtssetzung markiere, könnte, so vermutete Schmitt jetzt, umgekehrt die Struktur des Geltungsbereiches der Normen Angaben darüber machen, wer als Quelle verbindlicher Gesetzgebung infrage käme. Der Raumbegriff war Schmitts Versuch, imperiale Ordnungen neu zu denken («Die Wendung zum diskriminierenden Kriegsbegriff» von 1938). Es standen demnach nicht mehr formal anerkannte Staaten gleichberechtigt gegenüber, sondern Imperien, die in ihrem jeweiligen Geltungsbereich mit eigenem Recht Normen erließen. Zu den zeitgenössischen Imperien zählte Schmitt beispielsweise das British Empire ebenso wie die USA mit ihrem hegemonialen Anspruch auf die westliche Hemisphäre, aber auch das nationalsozialistische «Reich» mit seinem Anspruch auf den europäischen Kontinent. Zeitgenossen warfen Schmitt vor, ganz einfach die nackte Machtpolitik der Nazis rechtstheoretisch verbrämen zu wollen (Neumann 1942).

Schmitt vertiefte nach dem Krieg den Großraum-Gedanken in dem Buch «Nomos der Erde» von 1950. Nur politische «Räume» gäben allem Recht ihre Konkretisierung. Das Recht verknüpfe den Menschen mit der von ihm kultivierten Welt und erhalte von dort aus auch seine normative Struktur. Sei die Lebensform primär geprägt durch eine territoriale Raumordnung, so stehe das Bedürfnis nach Grenzziehungen im Vordergrund. Sei sie aber auf die Offenheit des Meeres bezogen, müssten die Grenzen ideell gezogen werden. Solche ideellen Grenzziehungen waren in Schmitts Augen Ideologien. Nach 1945 sah Schmitt verschiedene Raumordnungsversuche im Entstehen begriffen, namentlich den Ost-West-Konflikt und den Anti-Kolonialismus, ferner die UNO mit ihrer «humanitären Ideologie» (Schmitt 1950, 72).

Schmitt kritisierte die Menschenrechte scharf. Ihre universale Stoßrichtung würde dazu führen, nur noch zwischen Menschheit und Menschheitsfeinden unterscheiden zu können, woraus die völlige Entrechtung und Dehumanisierung des Gegners folge, wenn es erst gelungen sei, ihn als Feind der Menschheit zu denunzieren und seinen Widerstand als «Widerstand von Schädlingen, Unruhestiftern, Piraten und Gangstern» zu brandmarken (1988, S. 43, Fn. 45). Schmitt sah hier erneut die alte naturrechtliche, in der Moderne die «liberal-individualistische» Denkweise wirken, die auf eine «alle Menschen der Erde umfassende soziale Idealkonstruktion» abziele. Dabei unterschlage sie jedoch, dass ihre Voraussetzung die Errichtung eines Weltstaates wäre, dessen notgedrungen «furchtbare» Machtkonzentration Schmitt entschieden ablehnte (Schmitt 1963, S. 58).

Man kann Schmitt vorwerfen, seine politische Theorie stets den politischen Tagesbedürfnissen angepasst zu haben. Im Zuge dessen entwickelte er aber eine Aufmerksamkeit für die Hinterfragung von tragenden Begriffen, die auf verschiedenste Weise weitere Forschung angeregt hat. Nicht zufällig finden wir heute eine intensive Schmitt-Rezeption dort vor, wo der Primat des Politischen gegen die Verwaltung der Welt durch Expertentum betont oder die hegemoniale Stellung des Liberalismus als Stillstellung des politischen Prozesses kritisiert wird.

So wie Schmitt an Hegels Etatismus anknüpfte, so knüpfte Horkheimer an Marx an. Max Horkheimer (1895–1973) wurde 1930 Direktor des Frankfurter «Instituts für Sozialforschung» und initiierte dort eine Forschungsrichtung, die ein breites Spektrum theoretischer und empirischer Ansätze vereinte. Er revitalisierte das Erbe des Marx'schen Werkes, «wissenschaftlicher» Sozialismus sein zu wollen, durch eine beispiellose Interdisziplinarität, ohne dabei das Fernziel einer Emanzipation der Massen aus dem Auge zu verlieren. Zur sog. «Kritischen Theorie» zählten u.a. Erich Fromm und Herbert Marcuse, die sich mit der Psychoanalyse und Sozialpsychologie beschäftigten, Erich Fromm und Friedrich Pollock mit ihren Umfragen zu sozialpsychischen Dispositionen der Bevölkerung, Franz Leopold Neumann und Otto Kirchheimer, die die Wechselwirkung von juristischen Regelungsformen und gesellschaftlicher Struktur erörterten sowie Leo Löwenthal und Walter Benjamin mit ihrer Untersuchung des gesellschaftstheoretischen Aussagewertes künstlerischer Produktion. Zu den anerkannten Prämissen der Schule gehörte in jener Zeit die Annahme, in der bürgerlichen Epoche der Gesellschaftsgeschichte zu leben. Was Marx primär ökonomisch definierte, wurde in der Kritischen Theorie zivilisatorisch umgedeutet.

Horkheimer wollte, inspiriert durch philosophische Grundfragen, die soziale Wirklichkeit ungeachtet von dogmatischen Hypothesen kritisch analysieren. Es galt, den «Zusammenhang zwischen dem wirtschaftlichen Leben der Gesellschaft, der psychischen Entwicklung der Individuen und den Veränderungen auf den Kulturgebieten» zu erforschen, wobei Horkheimer zur Kultur sowohl Wissenschaft, Religion und Kunst als auch Recht, Sitte, Mode, öffentliche Meinung, Lebensstil und auch Sport zählte («Gegenwärtige Lage» von 1931, Schriften III, S. 32).

Der Faschismus und besonders die Machtübernahme des Nationalsozialismus erschütterten den marxistischen Zeithorizont, der die Zukunft als Fortschritt auf seiner Seite glaubte. Horkheimer erklärte wie andere Marxisten den Faschismus zunächst als eine Entwicklungsstufe innerhalb der «bürgerlichen Gesellschaft». Die bürgerliche Gesellschaft beruhe als Herrschaftspraxis auf der «dauernden Notwendigkeit physischer und psychischer Niederhaltung von Massen» («Egoismus und Freiheitsbewegung» von 1936, Schriften IV, S. 45). Wenn die Philosophie nur abstrakte Freiheitsideen proklamiere oder die Kultur mittels der «Vergnügungsindustrien» eine zufriedene Stimmung in den Massen erzeuge (S. 54), so müsse man dies alles als Mittel zu Beherrschung verstehen (S. 88). Besonders der Kultur galt Horkheimers wie auch Theodor W. Adornos (seines langjährigen Weggefährten) besondere Aufmerksamkeit. Als Herrschaftsideologie hatte ihrer Ansicht nach die Kultur die Religion abgelöst.

War die Machtergreifung schon ein Rätsel, so die relative Stabilität des Faschismus in den späten 30er Jahren umso mehr. Wie war es möglich, dass ein so primitives wie barbarisches Regime den freiwilligen Gehorsam der Massen erringen konnte, die am Ende eines langen Fortschritts der Zivilisation standen? Horkheimer erweiterte nun die Faschismus-Analyse zu einer umfassenden Analyse der modernen Zivilisation, ihrer Grundzüge wie ihrer Genese. In Kooperation mit Adorno entstand 1944 die «Dialektik der Aufklärung», eine Sammlung von Essays mit dem titelgebenden Anfangsessay als theoretischer Grundlage. Was sich im Faschismus eindeutig zeige, beträfe demnach letztlich auch alle anderen modernen Gesellschaften, vor allem die durch ihre «Kulturindustrie» geprägte USA, wohin sich die meisten Mitglieder der Kritischen Theorie geflüchtet hatten. Die Aufklärung war in ihr Gegenteil umgeschlagen, in Barbarei und Belanglosigkeit. In einem sehr weiten Bogen, von der griechischen Mythologie bis zum modernen Antisemitismus, versuchten Horkheimer und Adorno zu erklären, dass diese Entwicklung der Aufklärung bereits von Anbeginn innewohnte. Da die politische Tyrannis einhergehe mit einer zuvor ungeahnten Entfaltung an bürokratischer Zweckrationalität, verbunden mit einer stetig wachsenden Naturbeherrschung (Technik), gingen die Autoren davon aus, dass die Barbarei nicht als negativer Gegenpart zur aufklärerischen Idee immer fortschreitender Vernunft zu verstehen sei. Vielmehr entfalte sich in ihr ein in der Vernunft selbst liegendes irrationales Potential. Die Aufklärung sei aus der Mythologie entstanden und falle wieder in sie zurück.

Das hieß aber auch, dass der Sieg über den Nationalsozialismus kein Ende des Schreckens bedeutete. Untersuchungen Freuds aufgreifend hielten Horkheimer und Adorno den modernen Menschen nur für «oberflächlich zivilisiert». Er sehne sich nach einem mythologischen Ursprung, weshalb der Rückfall in die

Barbarei überall und jederzeit möglich sei. Zivilisation sei «rationalisierte Irrationalität» («Zur Kritik der instrumentellen Vernunft» von 1947 S. 95). Diese widersprüchliche Definition erklärt sich aus Horkheimers Aufspaltung des Vernunftbegriffs in die vorherrschende Zweck-Mittel-Rationalität (Horkheimer nennt dies subjektive Vernunft) und die Rationalität, welche in der Vernünftigkeit selbst einen Eigenwert erkennt (objektive Vernunft genannt), nun aber zurückgedrängt sei. Vernunft habe zwar nie die gesellschaftliche Realität vollständig geleitet, aber nun erhebe sie nicht einmal mehr diesen Anspruch und überlasse die Orientierung dem Spiel der im Widerstreit befindlichen Interessen (S. 20). Das war 1947 ausdrücklich als Kritik an Dewey und dem Pragmatismus gedacht. Horkheimer warf Dewey vor, das Subjekt zu verdinglichen, wenn die Gesellschaft nur aus der Sicht des handelnden Individuums betrachtet werde (S. 93). Er kritisierte auch die Tendenz der Politischen Theorie seiner Zeit, Vernunftansprüche der Aufklärung (Freiheit) zugunsten der Kalkulation inhaltlich beliebiger Interessen und Präferenzen aufzugeben. Das richtete sich gegen das mit Joseph Schumpeter einsetzende sog. ökonomische Demokratiemodell. Schumpeter hatte in seiner 1942 veröffentlichten Arbeit «Kapitalismus, Sozialismus und Demokratie» die «idealistische» Demokratietheorie der Tradition Rousseaus abgelehnt. Stattdessen begriff er Politik als Markt, auf welchem die Bürger wie Konsumenten in Abwägung ihrer Präferenzen über die Auswahl des Leitungspersonals der Politik entschieden, diese ansonsten aber gewähren ließen.

Horkheimer verstand die Kritische Theorie als kritische Analyse der bestehenden Gesellschaftsformation und ihrer politischen Depravationen. Mit einem bestechenden Gespür erkannte er Gefahrenpotentiale und Selbstwidersprüche in gesellschaftlichen Entwicklungen, gemessen an ihren eigenen Maßstäben. So verglich er frühzeitig die Logik des demokratischen Wahlkampfes mit dem Produzentenblick von Hollywood-Filmproduktionen (Schriften VI, S. 222–224). Er sah bestimmte Gefährdungen der Denkfreiheit durch unüberlegte und überzogene Egalitätsforderungen – was sich an dieser Stelle gegen die pauschale Forderung nach Gleichberechtigung der Geschlechter richtete – und verteidigte die Privatsphäre als «Schlupfwinkel» vor der «Maschinerie der Allgemeinheit» (VI, S. 225). Die Massendemokratie mit ihrem bindenden Mehrheitswillen, der sich nicht vor Vernunftgründen legitimieren muss, blieb Horkheimer ein Gräuel (VI, S. 278). Auch das Richten im Namen des Volkes sei nur dem Scheine nach demokratisch, die blinde Akzeptanz von Richtersprüchen war ihm Ausdruck von Obrigkeitsgeist. Dagegen müsse es die Aufgabe der Öffentlichkeit und aller Bürger sein, darüber zu wachen, «dass der Richter die Vollmacht, die er hat, nicht überschreite» (VI, S. 304 f.).

Was aber aus all dieser weitsichtigen und unbestechlichen Kritik für eine konstruktive Gesellschaftspolitik folge, dieser Antwort versagte sich Horkheimer. Er lehnte die Kritische Theorie als Zufluchtsstätte einer von der Demokratie enttäuschten Jugend ab. In der Zeit der Studentenbewegung betrachtete er die Tendenz so mancher Studierender mit Argwohn, die bürgerliche Gesellschaft zu kritisieren und die Kritische Theorie nach dem Weg in ein neues Himmelreich zu befragen, als sei sie Nachfolger der Theologie. Die aufklärerische Leistung bestehe doch gerade darin, zu zeigen, dass es gar keinen Himmel gebe. Horkheimer war in dieser Sicht konsequent, ehrlich mit sich selbst und lehnte es daher ausdrücklich ab, praktische Anweisungen zu geben. Man könne klar sehen, was schlecht sei, so meinte er, aber daraus lasse sich nicht ohne weiteres ableiten, was gut sei. Wenn er sich dennoch genötigt sah einen Hinweis auf die praktische Seite der Kritischen Theorie zu geben, so verwies er auf den Gedanken der Humanität und formulierte als politische Ethik die Solidarität mit dem Leiden. Im gleichen Augenblick aber warnte er davor, Humanität als Anmaßung zu missbrauchen, zu urteilen, «wann und wie die Menschheit zu nähren, zu lehren und zu behüten ist» (VI, S. 260) und nahm damit vorweg, was am Ende des 20. Jahrhunderts als Kritik an der Philosophie der Menschenrechte aus der Sicht postkolonialer Kulturen formuliert werden sollte.

Carl Schmitt und Max Horkheimer markieren zwei weit entfernte Pole in einem zeitgenössischen Spektrum an politischer

Theoriebildung, dass in einer ideenpolitischen Zeit des Übergangs nach dem adäquaten Ansatz suchte, die immer komplexer und unübersichtlicher werdende moderne Gesellschaft zu erklären. Ihnen war die Selbstgewissheit, die der hegelianische Etatismus mit dem Marxismus gemeinsam hatte, abhanden gekommen. Die Unsicherheit bedingte eine hohe Aufnahmebereitschaft für die Ergebnisse von Nachbardisziplinen und die Neigung zu hochspekulativen Annahmen, von der die weitere Theoriebildung erheblich profitierte.

11. Die Gegenwart: das Zeitalter der Menschenrechte

Die Erfahrungen mit totalitären Ideologien mehr noch als das Erlebnis des Zweiten Weltkrieges leitete den Siegeszug der liberalen Demokratieidee ein, die 1989 nach dem Ende des Kalten Krieges ihren Höhepunkt erreichte. Symptomatisch für diesen Siegeszug ist, wie sich die Einstellung der Kritischen Theorie zum Liberalismus wandelte, von Horkheimers Ablehnung zu Jürgen Habermas' Unterstützung. Die große Zäsur in der Ideengeschichte der Gegenwart ist jedoch die «Allgemeine Erklärung der Menschenrechte» im Jahre 1948 (AEMR). Die Menschenrechtsidee bestimmt heute die Politische Theorie, ihre Geltung wird von ihr vorausgesetzt. Eine solche Dominanz ist um so erstaunlicher als die zuletzt behandelten Autoren der Menschenrechtsidee entweder ablehnend gegenüberstanden oder sie für überschätzt hielten. Max Weber verteidigte das politische Projekt der Menschenrechte, doch sah er noch keine Lösung, wie das Projekt außerhalb eines Nationalstaates zustande kommen könnte. Für John Dewey waren Rechte ein gesetzgeberisches Instrument, das aber seiner Idee von Gemeinschaft äußerlich war. Carl Schmitt war ausgesprochen feindlich eingestellt: Da er jeglichen Universalismus ablehnte, vermutete er in dem Menschenrechtsprojekt einen gefährlichen Versuch, politische Feinde zu Menschheitsfeinden zu erklären, um sie auf diese Weise zu kriminalisieren. Horkheimer sprach von Humanität und Menschheit. Ihre Parzellierung durch Menschenrechte zu einer Summe monadischer Individuen mit gegenseitigen Rechtsansprüchen war in seinen Augen bürgerlich, nicht emanzipativ. So sehr er den Zugriff des Staates auf wehrlose Einzelne verurteilte, Menschenrechte erschienen ihm nicht als Lösung.

Menschenrechte und Menschenrechtsidee sind zwei verschiedene Dinge. Die Menschenrechte meinen die individuellen Ansprüche gegenüber politischen Ordnungen, die die internationale Staatengemeinschaft und die Weltöffentlichkeit im 20. Jahrhundert in zunehmenden Maße anerkannt hat und deren zentrales Dokument die AEMR ist. In den folgenden Dekaden kamen zahlreiche völkerrechtlich verbindliche Einzelabkommen hinzu, die von den Rechten indigener Völker bis zu Kinderrechten reichen. Die Menschenrechte als völkerrechtliches Instrumentarium sind von der Idee der Menschenrechte abgeleitet, machen diese aber nicht vollständig aus. Die Idee der Menschenrechte reicht bis in die Antike zurück, wurde im rationalen Naturrecht und der Aufklärung intensiv diskutiert und fand in den amerikanischen Grundrechtserklärungen sowie der französischen Bürger- und Menschenrechtserklärung am Ende des 18. Jahrhunderts ihren politisch wirkmächtigen Niederschlag (Llanque 2008, 445–460). Die Idee der Menschenrechte begleitete den Kampf gegen die Sklaverei im 19. Jahrhundert und prägte die Entwicklung des humanitären Völkerrechts, veranlasste das Prinzip der humanitären Intervention zur Verhinderung massiver Menschenrechtsverletzungen und prägte jüngst das Interventionsprinzip der *responsibility to protect*.

Die Menschenrechtsidee hat sich mittlerweile durchgesetzt; ob die Menschenrechte die einzige oder die beste Umsetzung der Menschenrechtsidee sind, diese Frage wurde schon kurz nach der AEMR von 1948 gestellt. Hannah Arendt (1906–1975) formulierte bereits ein Jahr später Einwände gegen das Konzept und vertiefte diese Kritik in ihrem ersten bedeutenden Werk «Elemente und Ursprünge totaler Herrschaft» von 1951. Ihrer Ansicht nach stehen die Menschenrechte innerhalb der ideengeschichtlichen Konstellation des Nationalstaates, den sie als gesellschaftliche und geistige Heimat der Menschenrechte bezeichnete. Die Erklärung erweckte Arendts Ansicht nach den Anschein, als könnten die Menschenrechte auch ohne die Autorität einer politischen Ordnung existieren, was sie stark bezweifelte. Entweder die Individuen könnten als Bürger ihre Rechtsansprüche im politischen Kampf durchsetzen oder aber sie seien Staatenlose bzw. Exilierte, die mangels politischer Mitgliedschaft das Dasein eines Parias fristeten, politisch gesehen ein «lebender Leichnam» («Elemente und Ursprünge totaler Herrschaft», S. 443). Daher ist für Arendt das Menschenrecht auf Staatsangehörigkeit, dass auch die AEMR beinhaltet, nicht ein Recht unter anderen, sondern das zentrale Recht, das Recht nämlich, Rechte zu haben und zwar gegenüber einem bestimmten Adressaten, dem gegenüber diese Rechte wirksam geltend gemacht werden können. Die Frage ist also zukünftig, ob die «Menschheit» frühere Legitimationsquellen wie Gott, Geschichte oder Gesellschaft beerben kann. Aus der Sicht ihrer späteren Theorie kann man ihre frühe Skepsis auch so formulieren: Ist die Menschheit imstande, einen «öffentlichen Raum» zu errichten, in welchem sich die Menschen als Bürger im Status der Freiheit und Gleichheit gleichrangig begegnen, um gemeinsames Handeln zu ermöglichen («Vita activa» von 1960)?

Arendts Bedenken waren aus eigener Erfahrung erwachsen. Als deutsche Jüdin wurde sie aus Deutschland vertrieben. Zunächst war Paris ihre Zuflucht, wo sie zur Zionistin wurde und mit dem Gedanken der Übersiedlung nach Palästina spielte, bevor sie sich dann für Amerika entschied. Dort war sie vor allem in New York publizistisch tätig, lehrte an der Universität und nahm schließlich die amerikanische Staatsbürgerschaft an. Die USA waren für sie ein Vorbild aller modernen politischen Ordnung. Die Amerikaner hatten nicht einfach nur gegen ihre Kolonialherren rebelliert, sie hatten eine neue Form kollektiver Freiheit begründet, und das erst machte in ihren Augen den Vollbegriff der Revolution aus («Über Revolution» von 1963).

Arendt setzte sich intensiv mit dem klassischen Machtbegriff auseinander, insbesondere mit Max Weber. Dessen Gleichsetzung von Macht mit physischer Gewalt und das Verständnis des Staates als Inhaber des Gewaltmonopols hielt sie für einen kategorialen Fehler. Ihrer Ansicht nach muss zwischen Macht und Gewalt differenziert werden. Gewalt und Zwang seien instrumentelle Mittel und in ihrem Erfolg von der Verfügung über Zwangsmittel abhängig. Auf Gewalt ruhende Ordnungen seien daher äußerst labil. Macht dagegen entstehe aus dem gemeinsamen Handeln von Menschen und erlaube komplexe Formen der Kooperation, die auf Sprache beruhten, weshalb sie auch von «kommunikativer Macht» spricht. Während Gewalt immer nur eine gegenwärtige Situation beeinflussen könne, vermöge Macht auch Vergangenheit und Zukunft einzubeziehen. Im Akt des Verzeihens etwa könnten vergangene Handlungen geregelt oder sogar politisch ungeschehen gemacht werden (Friedensverträge, Amnestie). Von größerer Bedeutung seien aber Akte mit Wirkung in der Zukunft: So können Menschen durch gegenseitiges Versprechen ihre Handlungskoordination langfristig anlegen, gemeinsame Ziele formulieren und Institutionen errichten, in welchen ihre gemeinsamen Handlungen förmlich ablaufen sollen. Das Sollen der Handlung beruhe also nicht auf einer normativen Begründung, sondern auf dem Akt des gegenseitigen Versprechens («Vita activa» S. 231–243).

Menschenrechte könnten weder den politischen Prozess einfrieren noch ersetzen und sie hätten auch keine politische Wirklichkeit ohne die Schaffung eines öffentlichen Raumes, in welchem allein gemeinsames Handeln verbindlich auf solche Ziele wie die Umsetzung der Menschenrechte festgelegt werden könne, und zwar immer wieder aufs Neue. Arendt lehnte also die Idee der Menschenrechte nicht ab, sie kritisierte ihre Umsetzung.

Verteidiger der Menschenrechte wie Jürgen Habermas, der ausführlich auf die Kritik von Carl Schmitt einging (1996), wenden sich gegen eine metaphysische Überhöhung der Menschenrechte als vermeintlich letzter Antwort auf alle politischen Fragen und sehen in ihrem juridischen Charakter ihre eigentliche Aufgabe. Aus seiner Sicht sind Menschenrechte und Demokratie «gleichursprüngliche» Legitimationsquellen moderner

Politik und müssen in ihren Geltungsansprüchen vermittelt werden (1992, S. 111–135).

Habermas (geb. 1929) ist Schüler Horkheimers, dessen Unterscheidung zwischen instrumenteller Vernunft und dem Eigenwert der Vernunft er übernahm und als Gegensatz von instrumenteller und Verständigungsrationalität interpretierte. Verständigungsrationalität ist für Habermas jene Form der Rationalität, die auf Wahrheit und nicht auf Macht angelegt ist und den Konsens und nicht die Herrschaft anstrebt. Die Frage ist, ob sie, entgegen der Vermutung Horkheimers, in der modernen Gesellschaft überhaupt noch einen Platz haben kann. Der natürliche Kandidat für eine Institution, in welcher die von Habermas erwünschte Verständigungsrationalität ihren Ort hat, wäre die Öffentlichkeit. Doch Habermas war diesbezüglich zu Beginn sehr skeptisch gewesen. In seiner fulminanten Habilitationsschrift zum «Strukturwandel der Öffentlichkeit» (1962) hatte er Kant noch als einen konventionellen Vertreter der bürgerlichen Öffentlichkeit kritisiert, der ohne jegliche Einsicht in die gesellschaftlichen und ökonomischen Rahmenbedingungen von Öffentlichkeit die formale Meinungsfreiheit als ausreichende Gewähr für aufklärerische Politik erachtete. Die moderne Öffentlichkeit sei dagegen vermachtet, so Habermas' frühe Analyse, sie gewährleiste nicht mehr die liberalen Hoffnungen einer aufklärerischen Debatte, sondern sei die Maskerade gesellschaftlicher Machtstrukturen.

Es sei die «Lebenswelt», in welcher sich Menschen eine Chance auf Verständigungsrationalität bewahrten, während die instrumentelle Rationalität den gesellschaftlichen Systemen wie Ökonomie oder Politik schon aus systeminternen Gründen anhafte. Lebenswelt meint bei Habermas zunächst die normativ anspruchsvollen, im weitesten Sinne kulturellen Äußerungen des Menschen, die, sofern sie nur vor jeder zweckrationalen Instrumentalisierung geschützt seien, letztlich eine konsensuale Einigung über Werte und Normen ermöglichen. Mittlerweile sieht Habermas in der Zivilgesellschaft, verstanden als Summe vieler kleinerer und größerer öffentlicher Foren und Aktivitäten, den Ort für Verständigungsrationalität («Faktizität und Geltung» von 1992). Sie sei der gesellschaftspolitisch aktive Teil der Gesellschaft, der nicht systematisch vermachtet sei, weshalb hier auf Verständigungsrationalität angelegte Deliberationen stattfinden könnten. Andererseits habe das politische System, jedenfalls in der Gestalt des modernen Rechtsstaates, seine bleibende Berechtigung, ermögliche es doch geregelte und gerechte Verfahren und die Sicherung von Grundrechten aller Individuen, ungeachtet ihrer Stellung in der Zivilgesellschaft. Die Frage sei dabei nur, wie es die in der Zivilgesellschaft aufgeworfenen Fragen und inhaltlichen Vorschläge aufgreife und wer garantiere, dass dies überhaupt der Fall sei.

Habermas hat die undifferenzierte Verdammung der bürgerlichen Gesellschaft, welche die Gründergeneration der Kritischen Theorie auszeichnete, beendet. Er weiß die Leistungen des liberalen Rechtsstaates zu schätzen und verteidigt die Errungenschaften der Moderne gegen ihre linken Verächter wie gegen ihre rechten Gegner. Er hat damit aber auch der Kritischen Theorie den politischen Stachel genommen.

Institutionen spielen für die gegenwärtigen Vertreter der Kritischen Theorie kaum mehr eine Rolle. Sie konzentrieren sich auf die Ausformulierung von Sollenssätzen und Gerechtigkeitstheoremen und setzen sich damit der frühen Kritik Horkheimers aus, der diese Position als unreflektierten Idealismus bezeichnete. Er gab schon 1933 zu bedenken, dass man auch Ideen wie die der Gerechtigkeit nicht von ihrer gesellschaftlichen Einbettung abgelöst verstehen könne («Materialismus und Metaphysik» S. 19).

Die Kritische Theorie hat dafür die begründungstheoretische Position des Kontraktualismus in ihr Repertoire aufgenommen, die in Gestalt von John Rawls' Theorie der «Gerechtigkeit als Fairness» aus dem Jahr 1971 eine weitverbreitete und einflussreiche Wiederbelebung gefunden hatte. Rawls (1921–2002) liefert ein Begründungsmodell der Grundrechte als Fundament einer gerechten Gesellschaftsordnung. Dabei geht er von der grundsätzlichen Ungleichheit der Individuen aus, die sich gleichwohl auf eine gemeinsame Grundordnung einigen wollen. Kants Idee des Gesellschaftsvertrages als einer gedanklichen

Hypothese formt Rawls zum Theorem des Urzustandes um: Menschen befänden sich dort unter einem «Schleier des Nichtwissens», sie wüssten von den realen Verhältnissen der Gesellschaft und ihren Asymmetrien, seien aber im Unklaren darüber, was ihre eigene Position innerhalb der Gesellschaft ist. Ferner teilten die Menschen im Urzustand eine kalkulatorische Rationalität und entschieden sich daher für ein Modell, das den am schlechtesten gestellten Menschen die bestmögliche Position einräume («Maximin-Prinzip»: Maximierung des Minimums). Gleichwohl hätten sie einen gewissen Gerechtigkeitssinn und einigten sich daher auf ein egalitäres Verteilungsprinzip politischer Rechte kombiniert mit Chancengleichheit und der ungleichen Verteilung sozialer und ökonomischer Rechte unter der Bedingung, dass sich die Ungleichverteilung nur dann zu Gunsten der am besten gestellten Individuen vergrößern dürfe, so lange auch die am schlechtesten gestellten hiervon profitierten («Pareto-Optimum»).

Rawls legitimiert auf diese Weise die Idee des Wohlfahrtsstaates, welcher der politischen Kultur der USA weiterhin unvertraut ist, auf dem europäischen Kontinent aber auf eine lange Tradition zurückblicken kann und dort mit Solidaritätsüberlegungen begründet wird an Stelle des Rawls'schen Nutzenkalküls. Was sich an Unterschieden des Institutionenverständnisses bereits innerhalb der «westlichen» Kultur offenbart, verweist auf das fundamentale Problem unterschiedlicher Vorstellungen von Fairness in verschiedenen Weltkulturen. Rawls hat zunächst von einem *overlapping consensus* gesprochen («Political Liberalism» von 1993), um bei aller Unterschiedlichkeit der politischen Kulturen einen gemeinsamen Nenner formulieren zu können. Dieser bezieht sich aber im Wesentlichen auf prozedurale Aspekte der Gerechtigkeit, nicht auf die materielle Idee der Menschenrechte, denn ein solcher übergreifender Konsens ist seiner Ansicht nach erst durch den Verzicht auf religiöse oder moralische Wertungen zu erzielen. Rawls hatte 1971 nicht von Menschenrechten gesprochen, sondern sie ganz klassisch im Rahmen des Nationalstaates als Grundrechte thematisiert. In seiner letzten Arbeit, «Law of Peoples» von 1999, weist er der Menschenrechtsidee eine regulative Idee in der internationalen Politik zu. Sie stelle den Standard dar für die politische Kultur eines Landes, das auf Anerkennung durch andere Länder pochen dürfe, stelle ein Kriterium zur Begrenzung des innenpolitischen Pluralismus zur Verfügung und gebe so im Ganzen den Maßstab für außenpolitische Interventionen an die Hand.

Rawls besteht darauf, dass die Menschenrechte keine genuin liberale und damit «westliche» Idee sind. Habermas hingegen verteidigt die Universalität der Menschenrechtsidee und sieht darin kein Zeichen eines westlichen Kulturimperialismus, wenn der Westen ein Stück weit auf die individuelle Grundstruktur der Menschenrechte verzichtet, weshalb östliche, insbesondere arabische und asiatische Kulturen auch auf eine Überbetonung der Gemeinschaftsbezogenheit verzichten könnten (1999). Aber gerade der universale Anspruch der Menschenrechte ist außerhalb der westlichen Gesellschaft als Zeichen eines neuen Kulturimperialismus interpretiert worden. Diese Kritik ist mittlerweile auch innerhalb der westlich geprägten Politischen Theorie aufgegriffen worden: Die Menschenrechte zementieren die Hegemonie des Liberalismus, die nicht alle Autoren gutheißen.

Gegen die Deutungshegemonie des Liberalismus haben postmoderne Autoren Widerspruch erhoben. Michel Foucault (1926–1984) etwa erblickte in der liberalen Auslegung der Menschenrechte eine gefährliche Einengung des politischen Prozesses. Jede normative Festlegung von Politik wolle den politischen Prozess und damit die demokratische Verfügung über Normen beenden. Auch die Menschenrechte könnten als eine solche normative Festlegung instrumentalisiert werden. Was sich mit den Menschenrechten vereinbaren lasse, sei wert, was nicht, unwert. Foucault stritt daher im konkreten Einzelfall für die Sache der Menschenrechte, beispielsweise im Kampf für Bootsflüchtlinge, aber nicht aufgrund der universalen Verpflichtungskraft der Menschenrechtsidee, sondern als subjektive Strategie, also voluntaristisch.

Das hat mit dem Machtbegriff Foucaults zu tun, den er um alle Formen der Steuerung erweiterte. Foucaults Theorie der

«Gouvernmentalität» beobachtet tiefgründigere Steuerungen der Gesellschaft, als sie je das politische System mit seinen drei Gewalten ausüben könnte. Die größte Macht gehe von der Normalität und der Standardisierung des sozialen Ablaufs aus. So lasse sich die Beherrschung einer Bevölkerung erst wirksam organisieren, nachdem sie als «Volk» erfasst werde: Volkszählung und Melderegister, statistische Quantifizierung, die Klassifizierung der Bevölkerung nach bestimmten Gesichtspunkten, die steuerliche Veranlagung und viele weitere Instrumente machten eine Bevölkerung erst beherrschbar und hätten die moderne Verwaltungstätigkeit des Staates überhaupt erst ermöglicht. Machtausübung der politischen Ordnung über den Weg der Verhaltenssteuerung finde sich in allen Formen der «Disziplinierung», sei es im Militär, sei es im Strafvollzug. Soziale Normen entschieden darüber, was als gesund und was als wahnsinnig, was als sexuell akzeptabel und was als «abnormal» zu gelten habe.

Man kann tatsächlich mit Menschenrechten Politik machen und ihr nicht nur Ziele vorschreiben (Hoffmann 2010). Das verweist auf ein größeres Auslegungspotential der Menschenrechte, als es die Annahme von einer Hegemonie des Liberalismus glauben machen will. Die Menschenrechtsidee hat sich bereits in der AEMR unterschiedlich Bahn gebrochen. Die Erklärung beruht nicht nur auf einem liberal-individualistischen Rechtsverständnis, sondern berücksichtigte auch soziale und politische Kontexte. Es war daher auch kein Systembruch, als im Zuge der Dekolonisation die kollektive Dimension der Menschenrechte stärker betont wurde und mit ihr die Selbstbestimmung der Völker, ihre Ressourcenhoheit und der Schutz indigener Völker. Auch die Menschheit kann als Rechtsträger adressiert werden, und zwar als Träger von Rechten an kollektiven Gütern wie der Artenvielfalt, der Natur, dem Wasser, dem Meer und der Atmosphäre. Die Menschenrechte stellen somit wenigstens eine Sprache zur Verfügung, um basale Konflikte über kulturelle Differenzen hinweg überhaupt auf den Begriff zu bringen und eröffnet so eine universale Kommunikation und Kooperation.

Damit ist die gegenwärtige Phase des Zeitalters der Menschenrechte erreicht, die Erkundung der zukünftigen politischen Ordnung der Welt und die Frage, was der Stellenwert der Menschenrechte darin sein wird. «Menschheit» bleibt bislang ein legitimatorischer Zielpunkt einer sich erst entwickelnden Ordnung, deren Verankerung im machtpolitischen Gefüge der kollektiv in Nationalstaaten zersplitterten Menschheit fragil ist. Die Politische Theorie erkundet daher gegenwärtig in Gestalt der Theorie des Kosmopolitismus Modelle dieser zukünftigen Ordnung, um hieraus Anweisungen zu ermitteln, wie der Weg dorthin zu beschreiten sei.

Der Bericht der Commission on Global Governance von 1995 hat einen erheblichen Anteil an der Entstehung des gegenwärtigen Kosmopolitismus-Diskurses. Er verbreitete und verfestigte ein Bewusstsein für die wechselseitige Abhängigkeit, in die alle Staaten im Zuge der Globalisierung geraten sind. Derek Heater erkundete im Anschluss daran das ideengeschichtliche Material zur Idee des Weltbürgers (1996), David Held die institutionelle Theorie des Kosmopolitismus (1995).

In der Kosmopolitismus-Debatte gibt es zwei große Pfade der Theoriebildung: Die einen verstehen unter Kosmopolitismus die Formulierung eines moralischen Standards bei der Verteilung individueller Rechte (Gerechtigkeit), andere dagegen betonen die Aufgabe, eine entsprechende Institutionenordnung zu modellieren. Gerade die Menschenrechte scheinen eine geeignete normative Plattform für den Kosmopolitismus zu bieten. Typischerweise lehnen Anhänger der ersten Richtung den herkömmlichen territorialen Nationalstaat ab und verlangen die Aufhebung, wenigstens aber die Abschwächung der nationalstaatlichen Grenzen. Martha Nussbaum etwa behauptet, dass Kosmopoliten eine primäre Verbindlichkeit gegenüber der weltweiten Gemeinschaft von Menschen hätten (1996, S. 4). Im Zweifel soll also die Loyalität gegenüber angestammten politischen Ordnungen der Loyalität zugunsten einer noch unklaren Ordnung mit unklaren Inhalten und Konturen weichen. Hier kündigen sich neue Konflikte an.

Die Vertreter des institutionalistischen Pfades argumentieren dagegen von den Bedingungen der Möglichkeit einer Institutionenordnung her: Die Zuerkennung von individuellen Rechten möge ein Gebot der Gerechtigkeit sein, sie gewährleiste aber noch keine funktionierende Institutionenordnung. Hierzu bedürfe es Verfahren zur Regelung von Konflikten und der Distribution von Gütern. Institutionen müssen hierbei keineswegs nationalstaatlichen Zuschnitts sein, sie können auch supranationale oder transnationale Institutionen umfassen. Viele Stimmen geben aber zu bedenken, dass die demokratische Legitimation und Kontrollmöglichkeit am ehesten noch beim gegenwärtigen Nationalstaat gegeben sei, so sehr dieser auch aus kosmopolitischer Sicht wie eine Barriere gegen die Errichtung einer Weltordnung wirken möge. Das Spektrum der Kosmopolis-Modelle ist breit: Es reicht von der Forderung nach einem Weltstaat über das Modell eines föderalen Weltbundes politischer Ordnungen bis zur Marginalisierung von Staatlichkeit zugunsten einer sich selbst ausbildenden Weltgesellschaft. Der Nationalstaat ist das Ergebnis einer ideenpolitischen Konstellation gewesen, warum sollte er mit dem Wandel der Konstellation nicht wieder verschwinden?

Es ist kein Wunder, dass in einer solchen Konstellation die Politische Ideengeschichte zu Rate gezogen wird, um Orientierung und Anregung zu geben. Anhänger des Kosmopolitismus erwähnen regelmäßig, dass es sich um eine alte, auf den Hellenismus zurückgehende Idee handele. Die griechische Philosophie des Hellenismus, insbesondere der Stoa, sah in der Vernunftnatur des Menschen ein alle Kulturen und politische Differenzen übergreifendes Merkmal. In einer Situation, da das Reich Alexanders des Großen die angestammte Polis-Ordnung marginalisierte, interpretierten Philosophen die Welt als Vernunftordnung. Die Stoa hat aber den Anteil der realen Individuen an dieser Weltordnung von dem tatsächlichen Anteil der Vernunft an den Bestimmungsgründen individuellen Handelns abhängig gemacht, so dass die Weltordnung keine egalitäre Ordnung aller Menschen darstellt.

Der Kosmopolitismus bezieht ferner die politische Theorie Kants in seine Diskussionen ein. Kant lehnte den Weltstaat ab und begrüßte die Zersplitterung der Menschheit in unterschiedliche Religionen und Sprachen, da dies die Fortentwicklung der Gattung eher fördere als eine homogene, aber minimale Einheitskultur. Kants Rechtsstaat ist nicht der Weltstaat, er ist eine Vernunftidee, die nie von der Empirie eingeholt werden kann. Daher begnügte sich Kant mit dem Friedensbund souveräner Einzelstaaten.

Wie auch immer die künftige Weltordnung modelliert wird, und an welchen ideengeschichtlichen Vorbildern sie sich orientiert, sie wird nicht vergessen dürfen, dass die Politische Ideengeschichte nicht nur ein diskursives Kontinuum ideeller Modelle war, sondern immer Konflikte und Institutionen diskutierte. Denn es sind Konflikte und Institutionen, die das «Politische» der Politischen Ideengeschichte ausmachen. Auch ein normatives Programm wie die Menschenrechte wird dies nicht aufheben können. Die Normen führen nämlich zu Normenkonflikten (etwa über den konkreten Vorrang einzelner Menschenrechte in einer bestimmten Situation) und müssen durch Institutionen konkretisiert werden, um zu klären, wer auf der Grundlage der Menschenrechte wem zu was verpflichtet ist. Angesichts dessen liegt die Institution eines Weltgerichts als angemessene Grundstruktur der kosmopolitischen Ordnung nahe. Das wäre dann aber eine Flucht in die Nichtpolitik und diese Lösung wäre zugleich naiv, denn wenn Gerichte weltpolitische Fragen entscheiden, dann wird sich der Machtkampf auf die Besetzung der Gerichte konzentrieren und die Gerichte würden verlieren, was sie auszeichnet: ihre politische Unabhängigkeit. Das Politische lässt sich nicht so leicht umgehen, das lehrt die Politische Ideengeschichte, und zeigt zugleich, wie man mit Konflikten umgehen kann, auch wenn man auf Ordnungsmodelle wie den Nationalstaat verzichten will.

Zitierte Literatur

Neben den vielen Einzeleditionen von Texten der Politischen Ideengeschichte sind zwei Editionsreihen hervorzuheben: die «Cambridge Texts in the History of Political Thought» (hg. von Raymond Geuss und Quentin Skinner, Cambridge University Press) sowie die von Harald Bluhm herausgegebene Reihe «Schriften zur europäischen Ideengeschichte» (Akademie-Verlag Berlin).
Eine ausführliche Literaturliste findet sich unter www.chbeck.de/go/Llanque

Aquin, Thomas von, Summe der Theologie, hg. v. Joseph Bernhart, Leipzig 1933.
Arendt, Hannah, Elemente und Ursprünge totaler Herrschaft, Frankfurt/M. 1955.
Arendt, Hannah, Vita activa, München 1981.
Aristoteles, Nikomachische Ethik, hg. v. Olof Gigon, München 1972.
Aristoteles, Politik, übers. u. erläut. von Eckart Schütrumpf, Berlin (Akademie) 1991–2005 (Buch IV-VI, unter Mitwirkung von Hans-Joachim Gehrke).
Augustinus, Vom Gottesstaat, hg. v. Carl Andresen, München 1978.
Dewey, John, Die Öffentlichkeit und ihre Probleme, hg. von Hans-Peter Krüger, Bodenheim 1996.
Die Federalist-Artikel. Politische Theorie und Verfassungskommentar der amerikanischen Gründungsväter. Mit dem engl. u. dt. Text der Verfassung der USA, hg., übers., eingel. u. komment. von Angela Adams und Willy Paul Adams, Paderborn u.a. 1994.
Foucault, Michel, Geschichte der Gouvernementalität. Bd. 1: Sicherheit, Territorium, Bevölkerung; Bd. 2: Die Geburt der Biopolitik, Frankfurt/M. 2004.
Habermas, Jürgen, Zur Legitimation durch Menschenrechte, in: Hauke Brunkhorst/Peter Niesen, Hg., Das Recht der Republik, Frankfurt/M. 1999, S. 386–403.
Habermas, Jürgen, Faktizität und Geltung. Beiträge zur Diskurstheorie des Rechts und des demokratischen Rechtsstaats, Frankfurt/M. 1992.
Habermas, Jürgen, Kants Idee des ewigen Friedens. Aus dem historischen Abstand von 200 Jahren, in: ders., Die Einbeziehung des Anderen, Frankfurt/M. 1996, S. 192–236.
Heater, Derek, World citizenship and government. Cosmopolitan ideas in the history of the western political thought, Basingstoke 1996.
Hegel, Georg Wilhelm Friedrich, Werke, hg. von Eva Moldenhauer/Karl Markus Michel, 20 Bände, Frankfurt/M. 1986.
Hegel, Georg Wilhelm Friedrich, Jenaer Realphilosophie (1805/1806), in: ders., Frühe politische Systeme, hg. von Gerhard Göhler, Frankfurt/M. u.a. 1974, S. 201–290.
Held, David, Democracy and the Global Order. From the Modern State to Cosmopolitan Governance, Stanford 1995.
Hobbes, Thomas, Leviathan oder Stoff, Form und Gewalt eines kirchlichen und

bürgerlichen Staates, hg. und eingeleitet von Iring Fetscher, übersetzt von Walther Euchner, Frankfurt/M. 1984.
Hoffmann, Stefan-Ludwig, Hg., Moralpolitik. Geschichte der Menschenrechte im 20. Jahrhundert, Wallstein 2010.
Horkheimer, Max, Materialismus und Metaphysik, in: ders., Traditionelle und kritische Theorie. Fünf Aufsätze, Frankfurt/M. 1992, S. 7–42.
Horkheimer, Max, Gesammelte Schriften, hg. v. Alfred Schmidt, Frankfurt/M. 1985 ff.
Horkheimer, Max, Zur Kritik der instrumentellen Vernunft (zuerst engl. Eclipse of Reason, 1947), Frankfurt/M. 1967.
Kant, Immanuel, Theorie-Werkausgabe, hg. von Wilhelm Weischedel, 12 Bde., Frankfurt/M. 1968.
Koselleck, Reinhart, Vergangene Zukunft. Zur Semantik geschichtlicher Zeiten, Frankfurt/M. 1979.
Llanque, Marcus, Politische Ideengeschichte. Ein Gewebe politischer Diskurse, München/Wien 2008.
Locke, John, Zwei Abhandlungen über die Regierung, hg. von Walter Euchner, Frankfurt/M. 1992.
Machiavelli, Niccolò, Geschichte von Florenz. Vollständige Ausgabe, hg. von Alfred von Reumont, Wien 1934.
Machiavelli, Niccolò, Discorsi. Gedanken über Politik und Staatsführung, hg. und übersetzt von Rudolf Zorn, 2. Aufl., Stuttgart 1977.
Machiavelli, Niccolò, Il Principe/Der Fürst, ital.-dt., hg. und eingeleitet von Philipp Rippel, Stuttgart 1986.
Marsilius von Padua, Der Verteidiger des Friedens, hg. v. Horst Kusch, Darmstadt 1958.
Marx, Karl, Das Manifest der Kommunistischen Partei. Kommentierte Studienausgabe, hg. von Theo Stammen (unter Mitarbeit von Alexander Classen), Stuttgart 2009.
Marx, Karl, Politische Schriften, hg. von Hans-Joachim Lieber (Werke, Schriften, Briefe Band III) in 2 Teilbänden, Stuttgart 1960.
Mill, John Stuart, Betrachtungen über die repräsentative Demokratie (1861), neu übersetzt von Hannelore Irle-Dietrich, hg. mit einer Einleitung von Kurt L. Shell, Paderborn 1971.
Mill, John Stuart, De Tocqueville on Democracy I (1835), in: ders., Collected Works, hg. von John M. Robson, Toronto 1963 ff., Bd. XVIII, S. 47–90.
Mill, John Stuart, De Tocqueville on Democracy II (1840), in: ders., Collected Works, hg. von John M. Robson, Toronto 1963 ff., Bd. XVIII, S. 153–204.
Mill, John Stuart, On Liberty/Über die Freiheit, hg. von Bernd Gräfrath/Bruno Lemke, Stuttgart 2009.
Montesquieu, Vom Geist der Gesetze, hg. von Ernst Forsthoff (1951), Tübingen 1992; gekürzt: hg. Kurt Weigand, Stuttgart 1965.
Morus, Thomas, Utopia, hg. v. Gerhart Ritter, Stuttgart 1980.
Neumann, Franz Leopold, Behemoth. Struktur und Praxis des Nationalsozialismus 1933–1944 (zuerst 1942), nach der Edition New York 1963, übersetzt

von Hedda Wagner und Gert Schäfer, Frankfurt/M. 1977, Frankfurt/M. 1984, ND 1988.

Nussbaum, Martha, Patriotism and Cosmopolitism, in: Joshua Cohen (Hg.), For Love of Country. Debating the Limits of Patriotism, Boston 1996.

Platon, Sämtliche Werke, in der Übersetzung von Friedrich Schleiermacher, hg. von Walter F. Otto, Emesto Grassi und Gert Plamböck, Hamburg 1958 ff. (zitiert nach der Stephanus-Numerierung).

Pocock, , J. G. A., Politics, Language and Time. Essays on political thought and history, London 1971.

Rawls, John, Theorie der Gerechtigkeit, Frankfurt/M. 1979.

Reibstein, Ernst, Völkerrecht. Eine Geschichte seiner Ideen in Lehre und Praxis, Bd. 1: Von der Antike bis zur Aufklärung, Freiburg/München 1957.

Report of the Commission on Global Governance: Our Global Neighbourhood, Oxford 1995.

Rousseau, Jean-Jacques, Sozialphilosophische und politische Schriften, Anmerkungen von Eckhart Koch, Nachwort von Iring Fetscher, Düsseldorf und Zürich, 2. Aufl. 1996.

Schmitt, Carl, Der Begriff des Politischen, Text von 1932 mit einem Vorwort und drei Corollarien, Berlin 1963.

Schmitt, Carl, Der Nomos der Erde im Völkerrecht des Jus Publicum Europaeum, Berlin 1950.

Schmitt, Carl, Die geistesgeschichtliche Lage des heutigen Parlamentarismus, 2. Aufl. München 1926.

Schmitt, Carl, Die Wendung zum diskriminierenden Kriegsbegriff (1938), unveränderter ND Berlin 1988.

Schmitt, Carl, Staat, Bewegung, Volk. Die Dreigliederung der politischen Einheit, Hamburg 1933.

Schmitt, Carl, Verfassungslehre, München und Leipzig 1928.

Schumpeter, Joseph A., Kapitalismus, Sozialismus und Demokratie, übersetzt von Susanne Preiswerk, eingeleitet von Edgar Salin, 6. Aufl., Tübingen 1987 (Capitalism, Socialism and Democracy, 1942).

Skinner, Quentin, Liberty before Liberalism, Cambridge 1998.

Tocqueville, Alexis de, Über die Demokratie in Amerika, hg. von J. P. Mayer, übersetzt von Hans Zbinden, 2 Bde., Stuttgart 1959/1962.

Tully, James, Hg., Meaning and Context. Quentin Skinner and his Critics, Princeton 1988.

Weber, Max, Bericht der Wiener Freien Presse über einen Vortrag «Probleme der Staatssoziologie», am 25. 10. 1917 in Wien, in: Wirtschaft und Gesellschaft, Teilband 4: Herrschaft, hg. von Elisabeth Hanke, Tübingen 2005, S. 752–756.

Weber, Max, Gesammelte politische Schriften, hg. von Johannes Winckelmann, 5. Aufl., Tübingen 1988.

Weber, Max, Wirtschaft und Gesellschaft. Grundriß der verstehenden Soziologie, hg. von Johannes Winckelmann, 5. Aufl., Tübingen 1980.

Weber, Max, Wirtschaft und Gesellschaft, hg. von Edith Hanke/Horst Baier, Max-Weber-Gesamtausgabe, Bd. I/22, 4, Tübingen 2005.